U0444879

公共资源合作治理机制研究

The Research on Collaborative Governance
Mechanism of Common Resources

何 雷 著

中国社会科学出版社

图书在版编目（CIP）数据

公共资源合作治理机制研究／何雷著．—北京：中国社会科学出版社，2020.7

ISBN 978 – 7 – 5203 – 6178 – 1

Ⅰ.①公… Ⅱ.①何… Ⅲ.①公共服务—资源配置—研究—中国 Ⅳ.①D669.3

中国版本图书馆 CIP 数据核字（2020）第 055584 号

出 版 人	赵剑英
责任编辑	王　衡
责任校对	赵雪姣
责任印制	王　超

出　　版	中国社会科学出版社
社　　址	北京鼓楼西大街甲 158 号
邮　　编	100720
网　　址	http://www.csspw.cn
发 行 部	010 – 84083685
门 市 部	010 – 84029450
经　　销	新华书店及其他书店
印　　刷	北京君升印刷有限公司
装　　订	廊坊市广阳区广增装订厂
版　　次	2020 年 7 月第 1 版
印　　次	2020 年 7 月第 1 次印刷
开　　本	710×1000　1/16
印　　张	15.5
字　　数	216 千字
定　　价	89.00 元

凡购买中国社会科学出版社图书，如有质量问题请与本社营销中心联系调换
电话：010 – 84083683
版权所有　侵权必究

出 版 说 明

为进一步加大对哲学社会科学领域青年人才扶持力度,促进优秀青年学者更快更好成长,国家社科基金设立博士论文出版项目,重点资助学术基础扎实、具有创新意识和发展潜力的青年学者。2019年经组织申报、专家评审、社会公示,评选出首批博士论文项目。按照"统一标识、统一封面、统一版式、统一标准"的总体要求,现予出版,以飨读者。

全国哲学社会科学工作办公室
2020年7月

序　　言

《公共资源合作治理机制研究》是何雷博士在学位论文的基础上增补修订的一本学术著作。之所以选择该主题作为博士学位论文的题目，主要是在他读博期间参与了一个涉及公共资源治理的重大研究项目，在研究过程中他对公共资源领域有着比较深入的理解和认识，为进一步研究打下了比较扎实的基础。但是，该课题研究偏向于实务性，研究成果主要用于解决政府公共资源管理改革与优化配置，如何在已有研究基础上提升理论性，使公共资源治理的研究兼备理论性与实践性的价值，是值得进一步厘清的问题。

从学术视角上看，国内外学者关于公共资源的概念界定并不一致。从改革实践上看，各级地方政府对什么是公共资源的界定也不尽相同。本书对"公共资源"的概念进行了针对性地梳理和归纳，认为公共资源是指国家与社会共享，且由公共部门代为治理或者提供的涉及公共利益与社会利益的生产要素集合。虽然公共资源的具体类别多样，但是配置过程中的治理机制具有一致性，本书的研究重点集中在"合作治理机制"上，旨在探究公共部门与私营部门如何进行合作，以实现公共资源治理的有效性。换言之，本书所研究的是关于公共资源合作治理中的"机制设计"问题，因此本书遵循系统论的视角，把公共资源合作治理机制视为一个由主体关系、工具选择、制度安排、运行机理到风险规避构成的整体系统，案例分析则是通过对一个具有代表性的案例进行精细化的剖析，呈现实践中公共资源合作治理的过程，厘清合作治理机制存在的问题和优化的空间。

2019年10月召开的中国共产党十九届四中全会系统总结了我国国家制度和国家治理体系的显著优势，深刻阐释了坚持和完善中国特色社会主义制度、推进国家治理体系和治理能力现代化的重大意义和总体要求。作为对改善和提升公共服务和公共利益有重大影响的社会稀缺资源，公共资源治理体系和治理能力现代化是国家治理现代化的重要组成部分。本书从理论和实践层面系统探究了公共资源合作治理机制，为新时代我国公共资源的治理变革提供了有益的启示。期待何雷博士在未来的教学科研中，秉持一贯的刻苦钻研精神，在公共资源领域产出更多更好的成果，把论文写在祖国的大地上，把研究成果应用到改革的实践中。

黄新华

2020年3月6日

厦门大学成智楼203

摘　　要

习近平总书记在党的十九大报告中明确指出："我国社会主要矛盾已经转化为人民日益增长的美好生活需要和不平衡不充分的发展之间的矛盾。"公共资源是保障人民生活和促进社会发展必不可少的生产要素，如何实现公共资源的有效治理既是解决当前中国社会主要矛盾的客观需要，也是进一步推进国家治理现代化建设的必然要求。在国内外公共资源治理实践改革中，合作治理逐渐成为公共资源治理的主流模式从而得到学术领域的广泛关注。

首先，本书以归纳界定"公共资源"的广义概念为逻辑起点，认为公共资源是指国家与社会共享，且由公共部门代为治理或者提供的涉及公共利益与社会利益的生产要素集合，它可以分为"原生性公共资源"和"衍生性公共资源"两个层面。公共资源本身正是合作治理的直接治理对象，公共资源合作治理机制研究的重心不在于研究单个公共资源合作治理问题，而是关注点在于研究公共资源合作治理的"机制设计"问题。

其次，在国内外已有研究成果的基础上建构了统领本书的公共资源合作治理机制分析框架，其中主体关系、工具选择、制度安排、运行机理、风险剖析、实践案例共同组成了公共资源合作治理机制的有机整体。

再次，公共资源合作治理分析框架所包含的六个层次之间形成的是逐层递进的关系。第一层次：主体关系，主要阐释的是公共资源合作治理机制主体的具体划分，主体采取合作策略的行为假设，主体间权力的边界以及如何通过合作博弈促使公共资源治理中合作行为的达成。第二层次：工具选择，主要探讨的是公共资源合作治理机制工具选择的类别，工具选择受到政治决策、市场经济发展程度、合作治理项目以及技术条件的综合影响，工具选择的最佳方式是实现市场化工具与大数据工具的优化组合。第三层次：制度安排，是在前两部分研究的基础上，具体阐释公共资源合作治理机制的正式制度、非正式制度、执行制度三种不同形式制度的设立和功能发挥的有机整合。三种制度安排共同作用于公共资源合作治理机制进而发挥了硬约束、软约束和矫正的功能。第四层次：运行机理，主要探讨了公共资源合作治理安排运行的条件、环节、方式与平台。第五层次：风险剖析，主要阐释的是公共资源合作治理机制运行中所蕴含的风险表现、影响、诱因与规制路径。第六层次：实践案例，通过对公共资源合作治理机制的典型案例与理论分析框架进行解析与比较，探索公共资源合作治理机制的实践改进启示。

最后，本书研究的落脚点在于探究公共资源合作治理机制理论分析框架对实践的引导和改进。笔者通过在北京、厦门等地的调研，分别对负责和参与公共资源合作治理项目的公共部门和私营部门负责人进行深度访谈，并且跟踪调查了北京市某林地改造项目的合作治理全程，以案例形式完整描述了该项公共资源合作治理的开展过程。进而根据公共资源合作治理分析框架分层次对该实践案例进行剖析和比较研究，找出二者存在的差异，最终归纳出公共资源合作治理机制理论分析框架对实践改进的有益启示。

关键词： 公共资源；合作治理；机制设计；实践改进

Abstract

Xi Ginping made it clear that the main contradiction in our country's society has been transformed into the contradiction between the people's growing good life needs and the unbalanced development in the 19th National Congress of the Communist Party of Chinammon resources are essential factors for ensuring people's livelihood and promoting social development. How to realize effective governance of common resources is not only the objective need to solve the main contradiction in our society, but also the inevitable requirement to promote the modernization of national governance. In the reform of domestic and foreign common resource governance practices, collaborative governance has gradually become the mainstream mode of public resource governance and has gained wide attention in the academic field.

First of all, this book summarizes the generalized concept of "common resources" as the logical starting point, common resources refer to the collection of production elements that are shared by the state and society, which is governed by the public sector or provided by the public sector, and involves public interests and social interests. It can be divided into "primary common resources" and "derived common resources". Common resources itself is the direct governance object of collaborative governance, So the focus of the research on collaborative governance mechanism of common resources is not to study the governance of individual resources, but to study the "mechanism design" of collaborative governance of common resources.

Secondly, on the basis of the existing research results at home and abroad, this Paper constructs an analysis framework of common resource collaborative governance mechanism. Among them, the main relationship, tool selection, institutional arrangement, operation mechanism, risk analysis and practical case constitute the organic whole of the collaborative governance mechanism of common resources.

Thirdly, the analysis framework of common resources cooperation governance is related to each other. Main body relations are the main interpretation of the specific the governance mechanism of common resources cooperation division, the main body of co-operation strategy behavior hypothesis, the boundary of the power between the main body, and how to through cooperative game to make cooperative behavior in the governance of common resources. Tool selection is mainly explored common resources cooperation governance mechanism of tool selection categories, tool selection is influenced by political decision-making, the degree of market economy development, cooperation projects and technical conditions of synthesis, and tool selection is the best way to realize marketization of optimized combination of tools and big data tools. Institutional arrangement is on the basis of studying the former two parts, this paper elaborates on the establishment of the formal system, the informal system and the implementation system of the public resource collaborative governance mechanism and their functional organic integration. The three institutional arrangements play a role in the collaborative governance mechanism of common resources, thus exerting the functions of hard constraint, soft constraint and correction. The operation mechanism mainly discusses the condition, link, mode and platform of the operation of the collaborative governance of common resources. Risk analysis mainly explains the risk expression, influence, incentive and regulation path of the operation of public resource collaborative governance mechanism. Through the analysis and comparison of the typical case and theoretical analysis framework of the collaborative governance mechanism of common resources, to find out the practical improvement of public resource collaborative governance.

In the end, this book studies the guidance and improvement of the theoretical analysis framework of collaborative governance mechanism of common resources. Through the field research in Beijing and Xiamen, the author conducted in-depth interviews with the public and private sector leaders responsible for and participating in the common resources cooperation governance project. In addition, it also tracked the cooperation governance of a forest land renovation project in Beijing, and described the development process of the collaborative governance of common resources in the form of case. Then, according to the analysis framework of public resource collaborative governance, this paper analyzes and compares the practice cases, and finds out the differences between them. Finally, it concludes the useful enlightenment of the theoretical analysis framework of public resource collaborative governance mechanism.

Keywords: Common Resource, Collaborative Governance, Mechanism Design, Practice Improved

目　录

第一章　导论 …………………………………………………………（1）
　第一节　问题提出与研究意义………………………………………（1）
　　一　问题提出……………………………………………………（1）
　　二　研究意义……………………………………………………（3）
　第二节　研究进展与研究评述………………………………………（4）
　　一　"公共资源"内涵的研究进展与评述……………………（4）
　　二　公共资源治理模式的研究进展与评述…………………（11）
　第三节　研究方法与技术路线………………………………………（18）
　　一　研究方法……………………………………………………（18）
　　二　技术路线……………………………………………………（19）
　第四节　研究创新与不足之处………………………………………（20）
　　一　研究创新……………………………………………………（20）
　　二　不足之处……………………………………………………（21）

第二章　公共资源合作治理机制的理论基础 ……………………（22）
　第一节　治理、合作治理、治理机制与国家治理
　　　　　现代化……………………………………………………（22）
　　一　治理的阐释…………………………………………………（22）
　　二　合作治理的阐释……………………………………………（24）
　　三　治理机制的阐释……………………………………………（27）

  四 公共资源合作治理与国家治理现代化的

    内在逻辑 ………………………………………………（30）

 第二节 公共资源合作治理机制的内在要求 ……………（33）

  一 公共资源合作治理机制要与社会结构相协调 ……（34）

  二 公共资源合作治理机制要与行政环境相适应 ……（35）

  三 公共资源合作治理机制要与政策导向相结合 ……（36）

  四 公共资源合作治理机制要与公共利益相统一 ……（37）

 第三节 公共资源合作治理机制的设计思路 ……………（38）

 第四节 公共资源合作治理机制的分析框架 ……………（39）

第三章 公共资源合作治理机制的主体关系 ……………（41）

 第一节 主体类别与行为假设 ………………………………（41）

  一 主体类别 …………………………………………（41）

  二 行为假设 …………………………………………（43）

 第二节 主体间的"权力边界" ……………………………（47）

  一 公共部门的"权力边界" ………………………（47）

  二 私营部门的"权力边界" ………………………（50）

 第三节 主体间的"合作博弈" ……………………………（51）

  一 "合作博弈"理论解析 …………………………（52）

  二 公共资源合作治理中的"合作博弈" …………（53）

 第四节 主体间的"激励相容" ……………………………（55）

  一 夏普利值（Shapley value）……………………（55）

  二 公共资源合作治理中的"激励相容" …………（56）

第四章 公共资源合作治理机制的工具选择 ……………（59）

 第一节 工具选择的类别 …………………………………（59）

  一 传统时代的合作治理工具 ………………………（59）

  二 大数据时代的合作治理工具 ……………………（64）

 第二节 工具选择的影响因素 ……………………………（69）

一　政治决策 …………………………………………（70）
　　二　治理工具自身功能 ……………………………（71）
　　三　合作治理项目 …………………………………（72）
　　四　技术条件 ………………………………………（72）
　第三节　工具选择的价值导向 …………………………（73）
　　一　公共资源合作治理中的多元价值向度 ………（73）
　　二　合作治理工具选择的价值协调与均衡 ………（75）
　第四节　工具选择的优化组合 …………………………（76）
　　一　合作治理工具的内在属性 ……………………（76）
　　二　合作治理工具的耦合关系 ……………………（77）
　　三　合作治理工具的优化组合 ……………………（78）

第五章　公共资源合作治理机制的制度安排 …………（81）
　第一节　公共资源合作治理机制的正式制度 …………（82）
　　一　公共资源产权制度 ……………………………（82）
　　二　合作得益分配制度 ……………………………（84）
　　三　利益冲突协调制度 ……………………………（87）
　　四　过程监督激励制度 ……………………………（88）
　第二节　公共资源合作治理机制的非正式制度 ………（90）
　　一　组织文化 ………………………………………（91）
　　二　信任关系 ………………………………………（92）
　　三　合作惯例 ………………………………………（94）
　　四　隐性契约 ………………………………………（95）
　第三节　公共资源合作治理机制的执行制度 …………（96）
　　一　信息反馈制度 …………………………………（97）
　　二　程序规范制度 …………………………………（98）
　　三　执行考核制度 …………………………………（99）
　　四　责任追究制度 …………………………………（100）
　第四节　公共资源合作治理机制的制度整合 …………（101）

一　功能上的整合 …………………………………………（101）
　　二　结构上的整合 …………………………………………（102）

第六章　公共资源合作治理机制的运行机理 ……………（105）
第一节　公共资源合作治理机制运行的条件 ……………（105）
　　一　政策环境的支持 ………………………………………（106）
　　二　趋于完善的市场机制 …………………………………（106）
　　三　公共部门的合作需求 …………………………………（107）
　　四　私营部门的合作能力 …………………………………（108）
第二节　公共资源合作治理机制运行的环节 ……………（109）
　　一　公共资源合作治理机制运行的准备环节 ……………（109）
　　二　公共资源合作治理机制运行的达成环节 ……………（111）
　　三　公共资源合作治理机制运行的执行环节 ……………（112）
　　四　公共资源合作治理机制运行的终止环节 ……………（113）
第三节　公共资源合作治理机制运行的方式 ……………（114）
　　一　准备环节中的主体角色定位 …………………………（114）
　　二　达成环节中的治理工具选择 …………………………（115）
　　三　执行环节中的制度约束规范 …………………………（117）
　　四　终止环节中的治理模式改进 …………………………（117）
第四节　公共资源合作治理机制运行的平台 ……………（118）
　　一　公共资源合作治理机制运行的实体平台 ……………（118）
　　二　公共资源合作治理机制运行的虚拟平台 ……………（120）

第七章　公共资源合作治理机制的风险剖析 ……………（123）
第一节　公共资源合作治理机制风险的表现 ……………（123）
　　一　主体关系中的位置混淆 ………………………………（124）
　　二　工具选择中的寻租腐败 ………………………………（125）
　　三　制度安排中的规制俘获 ………………………………（126）
　　四　机制运行中的围标串标 ………………………………（127）

第二节　公共资源合作治理机制风险的影响 …………（128）
　　一　限制私营部门优势发挥 ………………………（129）
　　二　降低公共部门信任程度 ………………………（129）
　　三　损害公共利益价值目标 ………………………（130）
　　四　扰乱公平竞争市场秩序 ………………………（131）
第三节　公共资源合作治理机制风险的诱因 …………（132）
　　一　有限理性经济人行为 …………………………（132）
　　二　信息不对称 ……………………………………（133）
　　三　不确定性 ………………………………………（135）
　　四　公务人员专业技术能力欠缺 …………………（136）
第四节　公共资源合作治理机制风险的规制 …………（138）
　　一　明晰风险责任分担 ……………………………（138）
　　二　打破信息不对称壁垒 …………………………（139）
　　三　全面推行风险管理 ……………………………（141）
　　四　培养公务人员专业能力 ………………………（143）

第八章　公共资源合作治理机制的实践案例 …………（145）
第一节　公共资源合作治理机制的案例阐释 …………（146）
　　一　案例背景 ………………………………………（146）
　　二　合作立项 ………………………………………（147）
　　三　合作达成 ………………………………………（148）
　　四　合作执行 ………………………………………（160）
　　五　合作终结 ………………………………………（167）
第二节　公共资源合作治理机制的案例解析 …………（169）
　　一　主体关系解析 …………………………………（169）
　　二　工具选择解析 …………………………………（171）
　　三　制度安排解析 …………………………………（172）
　　四　机制运行解析 …………………………………（173）
　　五　风险规制解析 …………………………………（175）

第三节 实践案例与理论分析框架存在的差异 …………（176）
　　一　主体关系上的差异……………………………………（176）
　　二　工具选择上的差异……………………………………（177）
　　三　制度安排上的差异……………………………………（179）
　　四　机制运行上的差异……………………………………（180）
　　五　风险规制上的差异……………………………………（181）
第四节 理论分析框架对实践改进存在的启示 ……………（182）
　　一　主体关系上的启示……………………………………（182）
　　二　工具选择上的启示……………………………………（184）
　　三　制度安排上的启示……………………………………（185）
　　四　机制运行上的启示……………………………………（187）
　　五　风险规制上的启示……………………………………（188）

第九章 研究结论与研究展望 ……………………………（190）
第一节 研究结论 ……………………………………………（190）
第二节 研究展望 ……………………………………………（194）

参考文献 ……………………………………………………（196）

附录1 访谈问卷 A ………………………………………（216）

附录2 访谈问卷 B ………………………………………（218）

索引 …………………………………………………………（220）

后记 …………………………………………………………（222）

Contents

Chapter 1 The Introduction ··· (1)
  Section 1 The Issue and Research Significance ················· (1)
    1. The Issue ·· (1)
    2. Research Significance ·· (3)
  Section 2 Research Progress and Review ························ (4)
    1. Research Progress and Comments on the
       Connotation of "Common Resources" ······················ (4)
    2. Research Progress and Comments on the Mode of
       Common Resource Governance ····························· (11)
  Section 3 Research Methods and Technical Route ············· (18)
    1. Research Methods ·· (18)
    2. Technical Route ·· (19)
  Section 4 Research Innovation and Deficiency ················· (20)
    1. Research Innovation ·· (20)
    2. Deficiency ·· (21)

**Chapter 2 The Theoretical Basis of Collaborative Governance
           Mechanism of Common Resources** ················ (22)
  Section 1 Explanation of Governance, Collaborative Governance,
          Governance Mechanism and Modernization of National
          Governance ·· (22)

1. Explanation of Governance …… (22)
2. Explanation of Collaborative Governance …… (24)
3. Explanation of Governance Mechanism …… (27)
4. The Internal Logic of Common Resource Cooperative Governance and National Governance Modernization …… (30)

Section 2　The Internal Requirements of the Collaborative Governance Mechanism of Common Resources …… (33)
1. The Collaborative Governance Mechanism of Common Resources should be Coordinated with the social Structure …… (34)
2. The Collaborative Governance Mechanism of Common Resources should Adapt to the Administrative Environment …… (35)
3. The Collaborative Governance Mechanism of Common Resources should be Combined with Policy Orientation …… (36)
4. The Collaborative Governance Mechanism of Common Resources should be Unified with the Public Interest …… (37)

Section 3　The Design Idea of Collaborative Governance Mechanism of Common Resources …… (38)

Section 4　Analysis Framework of Collaborative Governance Mechanism of Common Resources …… (39)

Chapter 3　The Main Relationship of the Collaborative Governance Mechanism of Common Resources …… (41)

Section 1　Subject Categories and Behavioral Assumptions …… (41)
1. Subject Categories …… (41)

  2. Behavioral Assumptions ……………………………… (43)
Section 2 The "power boundary" between Subjects ………… (47)
  1. The "Power Boundary" of the Public Sector …………… (47)
  2. The "Power Boundary" of the Private Sector …………… (50)
Section 3 "Cooperative Game" between Subjects …………… (51)
  1. Analysis of "Cooperative Game" Theory ………………… (52)
  2. "Cooperative Game" in Collaborative Governance
   of Common Resources ……………………………………… (53)
Section 4 "Incentive Compatibility" between Subjects ……… (55)
  1. Shapley Value ……………………………………………… (55)
  2. "Incentive Compatibility" in Collaborative
   Governance of Common Resources ……………………… (56)

Chapter 4 Tool Selection of the Collaborative Governance Mechanism of Common Resources ……………… (59)

Section 1 The Category of Tool Selection …………………… (59)
  1. Collaborative Governance Tools in the
   Traditional Era ……………………………………………… (59)
  2. Collaborative Governance Tools in the Era of
   Big Data ……………………………………………………… (64)
Section 2 The Influence Factors of Tool Selection ………… (69)
  1. Political Decisions ………………………………………… (70)
  2. The Governance Tool Itself ……………………………… (71)
  3. Collaborative Governance Project ……………………… (72)
  4. Technical Conditions ……………………………………… (72)
Section 3 The Value Orientation of Tool Selection ………… (73)
  1. Multivariate Value Orientation in Collaborative
   Governance of Common Resources ……………………… (73)
  2. The Value Coordination and Balance of the
   Choice of Collaborative Governance Tools ……………… (75)

Section 4　The Optimization Combination of Tool Slection ⋯⋯ (76)
　1. The Internal Attributes of the Collaborative
　　 Governance Tools ⋯⋯⋯⋯⋯⋯⋯⋯⋯⋯⋯⋯⋯⋯⋯⋯ (76)
　2. The Coupling of the Collaborative Governance
　　 Tools ⋯⋯⋯⋯⋯⋯⋯⋯⋯⋯⋯⋯⋯⋯⋯⋯⋯⋯⋯⋯⋯ (77)
　3. Optimize the Portfolio of Collaborative Governance
　　 Tools ⋯⋯⋯⋯⋯⋯⋯⋯⋯⋯⋯⋯⋯⋯⋯⋯⋯⋯⋯⋯⋯ (78)

**Chapter 5　Institutional Arrangements for the Mechanism
　　　　　of Collaborative Governance of Common
　　　　　Resources** ⋯⋯⋯⋯⋯⋯⋯⋯⋯⋯⋯⋯⋯⋯⋯⋯ (81)
　Section 1　The Formal System of Collaborative Governance
　　　　　　Mechanism of Common Resources ⋯⋯⋯⋯⋯ (82)
　　1. Common Resource Property Rights System ⋯⋯⋯⋯⋯ (82)
　　2. Cooperation Benefit Distribution System ⋯⋯⋯⋯⋯⋯ (84)
　　3. Conflict of Interest Coordination System ⋯⋯⋯⋯⋯⋯ (87)
　　4. Process Supervision and Incentive System ⋯⋯⋯⋯⋯ (88)
　Section 2　Informal System of Collaborative Governance
　　　　　　Mechanism of Common Resources ⋯⋯⋯⋯⋯ (90)
　　1. Organizational Culture ⋯⋯⋯⋯⋯⋯⋯⋯⋯⋯⋯⋯⋯ (91)
　　2. Trust Relationship ⋯⋯⋯⋯⋯⋯⋯⋯⋯⋯⋯⋯⋯⋯⋯ (92)
　　3. Working Practices ⋯⋯⋯⋯⋯⋯⋯⋯⋯⋯⋯⋯⋯⋯⋯ (94)
　　4. Implicit Contracts ⋯⋯⋯⋯⋯⋯⋯⋯⋯⋯⋯⋯⋯⋯⋯ (95)
　Section 3　The Implementation System of Collaborative Governance
　　　　　　Mechanism of Common Resources ⋯⋯⋯⋯⋯ (96)
　　1. Information Feedback System ⋯⋯⋯⋯⋯⋯⋯⋯⋯⋯ (97)
　　2. Program Specification System ⋯⋯⋯⋯⋯⋯⋯⋯⋯⋯ (98)
　　3. Performance Appraisal System ⋯⋯⋯⋯⋯⋯⋯⋯⋯⋯ (99)
　　4. Accountability System ⋯⋯⋯⋯⋯⋯⋯⋯⋯⋯⋯⋯⋯ (100)

Section 4　Institutional Integration of Collaborative Governance Mechanism of Common Resources .... (101)
　1. Functional Integration .... (101)
　2. Structural Integration .... (102)

Chapter 6　Operation Mechanism of Collaborative Governance Mechanism of Common Resources .... (105)

Section 1　The Running Conditions of Collaborative Governance Mechanism of Common Resources .... (105)
　1. Policy Environment Support .... (106)
　2. A Perfect Market Mechanism .... (106)
　3. The Cooperation Needs of Public Sector .... (107)
　4. The Cooperate Ability of Private Sector .... (108)
Section 2　The Link for the Operation of Collaborative Governance Mechanism of Common Resources .... (109)
　1. The Preparation of Collaborative Governance Mechanism of Common Resources .... (109)
　2. The Establishment of Collaborative Governance Mechanism of Common Resources .... (111)
　3. The Performance of Collaborative Governance Mechanism of Common Resources .... (112)
　4. The Termination of Collaborative Governance Mechanism of Common Resources .... (113)
Section 3　The Mode of Operation of Collaborative Governance Mechanism of Common Resources .... (114)
　1. Role Positioning of the Preparation Link .... (114)
　2. Governance Tool Selection of Establishment Link .... (115)
　3. Institutional Constraint of Performance Link .... (117)

4. Governance Model Improvement of Termination
　　　 Link ………………………………………………… (117)
　Section 4　The Platform for the Operation of Collaborative
　　　　　　　Governance Mechanism of Common Resources …… (118)
　　1. The Entity Platform for the Operation of Collaborative
　　　 Governance Mechanism of Common Resources ………… (118)
　　2. The Virtual Platform for the Operation of Collaborative
　　　 Governance Mechanism of Common Resources ………… (120)

Chapter 7　Risk Profile of Collaborative Governance
　　　　　　　Mechanism of Common Resources ……………… (123)
　Section 1　The Performance of the Risk of Collaborative Governance
　　　　　　　Mechanism of Common Resources ………………… (123)
　　1. Position Confusion in the Subject Relationship ………… (124)
　　2. Rent-seeking Corruption in Tool Selection ……………… (125)
　　3. Regulatory Capture in Institutional
　　　 Arrangements ……………………………………………… (126)
　　4. Besieged Standard in Mechanism Operation ……………… (127)
　Section 2　The Influence of the Risk of Collaborative Governance
　　　　　　　Mechanism of Common Resources ………………… (128)
　　1. Limiting Private Sector Leverage ………………………… (129)
　　2. Reducing Public Sector Trust …………………………… (129)
　　3. Damaging the Value of Public Interest ………………… (130)
　　4. Disrupting the Fair Competition Market Order ………… (131)
　Section 3　Risk Factors of Collaborative Governance Mechanism
　　　　　　　of Common Resources ……………………………… (132)
　　1. Limited Rational Economic Man's Behavior …………… (132)
　　2. Information Asymmetry ………………………………… (133)
　　3. Uncertainty ……………………………………………… (135)

4. Lack of Professional Technical Ability for Public

　　　　Servants ………………………………………… (136)

　Section 4　The Regulation of the Risk of Collaborative Governance

　　　　　　　Mechanism of Common Resources ……………… (138)

　　1. Clear Risk Responsibility Sharing ……………………… (138)

　　2. Breaking Information Asymmetry ……………………… (139)

　　3. Carrying Out Risk Management ………………………… (141)

　　4. Training the Professional Ability of Public

　　　　Service Personnel ……………………………………… (143)

Chapter 8　The Practice Case of Collaborative Governance

　　　　　　　Mechanism of Common Resources ……………… (145)

　Section 1　A Case Study of Collaborative Governance Mechanism

　　　　　　　of Common Resources ………………………… (146)

　　1. Case Background ………………………………………… (146)

　　2. Project Approval ………………………………………… (147)

　　3. Build Cooperation ……………………………………… (148)

　　4. Cooperative Implementation …………………………… (160)

　　5. End of Cooperation …………………………………… (167)

　Section 2　A Case Analysis of Collaborative Governance

　　　　　　　Mechanism of Common Resources ……………… (169)

　　1. Principal Relationship Analysis ………………………… (169)

　　2. Tool Selection Analysis ………………………………… (171)

　　3. Institutional Analysis …………………………………… (172)

　　4. Mechanism Operation Analysis ………………………… (173)

　　5. Risk Regulation Analysis ……………………………… (175)

　Section 3　The Difference between Practice Case and

　　　　　　　Theoretical Analysis Framework ………………… (176)

　　1. The Difference in the Subject Relationship …………… (176)

　　2. The Difference in the Tool Selection ………………… (177)

  3. The Difference in Institutional Arrangements ··············（179）
  4. The Difference in Mechanism Operation ···············（180）
  5. The Difference in Risk Regulation ······················（181）
 Section 4 The Enlightenment of the Theoretical Analysis
      Framework to the Improvement of Practice ·········（182）
  1. The Enlightenment of Subject Relationship ···············（182）
  2. The Enlightenment of Tool Selection ······················（184）
  3. The Enlightenment of Institutional
   Arrangements ···（185）
  4. The Enlightenment of Mechanism Operation ··············（187）
  5. The Enlightenment of Risk Regulation ······················（188）

Chapter 9 Research Conclusions and Research
     Prospects ···（190）
 Section 1 Research Conclusions ································（190）
 Section 2 Research Prospects ···································（194）

The Reference ···（196）

Appendix 1：Interview Questionnaire A ·····················（216）

Appendix 2：Interview Questionnaire B ·····················（218）

Index ···（220）

Postscript ···（222）

第一章

导 论

第一节 问题提出与研究意义

一 问题提出

"公共行政的演进与其说是人类解决公共问题、改善普遍福祉的实践运动过程,不如更确切地说,是人类不断探索公共资源有效分配智慧、构建社会发展终极价值的心灵漫旅。"[①] 资源具有稀缺性,公共资源有别于私人资源,它的有效治理直接关系着公共利益与社会利益的实现,因此,探索公共资源的有效治理模式也日益成为当代公共行政改革的重要命题。

自20世纪末西方国家的"新公共管理运动"被借鉴到中国的"公共管理学科"视野及公共资源治理实践领域中,公共部门开始与私营部门进行合作,开展服务外包、签订合约、PPP项目等一系列民营化改革。公私部门的合作一定程度上改善了传统管理体制下公共资源政府直接治理效率低下的弊端。然而,在实践过程中,也隐藏着不可忽视的问题,例如"合约承包方"公共责任的缺失,依托

---

① [美]全钟燮:《公共行政的社会建构:解释与批判》,孙柏瑛等译,北京大学出版社2008年版,第13页。

于行政权力委托下新的垄断资源的形成以及"合约签订"的寻租、设租，管制俘获与政企合谋。比如 2007 年安徽合肥发生的系列严重公交事故，民营化后公交公司在运营 5 个月的时间里累计发生 20 多起交通事故，造成 11 人死亡，近 50 人受伤，这些严重后果也导致合肥自 2003 年开始的公交民营化改革被叫停，公交运营重新收为国有公用事业运营[①]。

可见，公私部门之间的合作在公共资源治理领域取得积极成效的同时也存在着不可忽视的固有弊端。但是，这并不能成为否定公共资源治理公私合作模式的理由，相反，其说明了在公共资源领域，公共部门与私营部门之间的"合作治理机制"需要进一步的完善与设计。政府部门与私营部门的合作有利于提升公共资源治理的效率水平，却可能削弱蕴含的公共责任，而公共部门直接治理公共资源确保了公共责任，却又重新回到了效率低下的怪圈。因此，公共资源合作治理机制的设计关键在于寻求公共部门与私营部门在公共资源治理过程中，治理效率与公共责任的平衡。

"合作治理"（Collaborative Governance）话语源起于西方，然而并不代表其所建构的理论具有普世价值。"治理依附于根深蒂固的传统、文化和历史，并且以促进社会延续的机构、法典和规则的形式体现出来，所以，从使命和本质上分析，治理是作为一种缓慢演变的体制而存在。"[②] 中国的社会结构和行政环境与西方国家相比具有内在差异性，西方国家建构的"合作治理"理论能否完全适用于中国公共资源治理的实践仍然是值得商榷的问题。"合作治理"也是植根于一国或地区历史、文化与传统变迁的土壤之中，可以说合作治理是一种在实践中逐渐演变与建构中的理论体系，并且"合作治理"毋庸置疑的治理对象就是"公共资源"。

[①] 高学军：《失控的公交车：合肥反省公交民营化》，http://finance.sina.com.cn/g/20070524/02033623403.shtml。

[②] ［法］皮埃尔·卡蓝默：《破碎的民主：试论治理的革命》，庄晨燕译，生活·读书·新知三联书店 2005 年版，第 9 页。

中国是具有五千多年文明史积淀的国家，特别是改革开放以来，在中国共产党的领导下，中国社会经济的发展取得了举世瞩目的成就。"合作治理"从来不是西方社会独有的产物，而是内置在国家治理体系与实践之中。中国共产党第十九届四中全会指出："我国国家治理体系和治理能力是中国特色社会主义制度及其执行能力的集中体现。"那么，公共资源合作治理机制的建构从实践意义上看，属于国家治理体系与治理能力现代化建设在公共资源治理领域的集中体现。因此，探究符合中国治理语境的公共资源合作治理机制问题，成为本书研究的核心。

二 研究意义

（一）理论意义层面

20世纪末"治理"理论引入中国，在学术领域开展了广泛的研究与探讨，特别是在其背景下衍生出的"合作治理"理论，在国内学术领域对"合作治理"更是出现"百花齐放"式的研究，不同的学者对"合作治理"理论的认识具有不同的视角。比较典型的认知有，部分学者直接把"合作治理"等同于"治理"，或者把"合作治理"等同于"协作治理"或"合约治理"，又或者部分学者把"合作治理"作为一种合作的动名词"概念"直接用于解释各种领域的"合作"行为等。"合作治理"理论来源于西方公共行政理论与实践的发展，并且在国内的理论研究逐渐呈现概念泛化现象，但是却鲜有对"合作治理"的"机制设计"进行系统性的研究。因此，本书试图以合作治理的对象"公共资源"为切入点，通过本土与西方比较的视野，探寻中国行政环境变迁下"合作治理"的机制设计问题，期望能够为合作治理理论研究提供些许借鉴。

（二）实践意义层面

公共资源的有效治理，也是实践中政府职能部门履行的主要领域与职责所在。有效实现公共资源的优化配置，不但成为行政体制改革的重要考验，而且是国家治理体系与治理能力现代化的必然要求。当前公共资源治理领域中公共部门与私营部门之间的合作实践，一定程度上提升了公共资源优化配置的效率，但是也存在着不可忽视的问题。因此，本书通过重新梳理与设计"合作治理"机制，融入公共资源治理的实践领域，以求为当前公共资源治理领域公共部门与私营部门之间的有效合作提供实践上的支持。

第二节 研究进展与研究评述

一 "公共资源"内涵的研究进展与评述

（一）"公共资源"内涵的研究进展

《辞海》对"资源"的释义为："生产资料或生活资料的来源。"[①] 国外权威词典 Webster's New Universal Unabridged Dictionary 对"资源"（Resource）的定义为："1. 一种供应、支持或者援助的来源，尤其是作为一种储备而存在；2. 一个国家的集体财富或者生产财富的方式；3. 通常包括物力、资金或者可以转化为资金和资产的所有权。"[②] 胡跃龙把"资源"界定为："资源是受一定时间定义域与一定空间定义域约束的经济发展不可或缺的生产要素的集合（即资源集），它既包括与社会经济发展相关的资金、资产等物质因素，也包括文化、制度等非物质因素。"[③]

可见，"资源"的本质是一种"生产或生活要素"，它既包括自然存在的部分，也包括人类社会创造的内容，它可以是有形的实体存在物，也可以是无形的虚拟权力域。因此，可以把"资源"界定

[①] 《辞海》编辑委员会：《辞海》（第六版缩印本），上海辞书出版社 2010 年版，第 2540 页。

[②] Merriam-Webster, *Webster's New Universal Unabridged Dictionary*, Library of Congress Cataloging in Publication Data 1999, p. 1221.

[③] 胡跃龙：《资源博弈：工业化与城市化经济发展资源支撑研究》，中国发展出版社 2015 年版，第 12 页。

为：自然界和人类社会中客观存在或者人类社会创造的一切能够推动人类社会建构的、有形或无形的生产要素集合。按照所有权划分，资源可分为私有资源与公共资源。按照属性划分，资源可分为自然资源与社会资源；按照形态划分，资源可分为物质资源与非物质资源；所以，"公共资源"概念范畴较"资源"范畴小，其是作为"资源"的一个子域而存在。

本书主要关注的是"公共资源"这一"资源"子范畴领域。有关"公共资源"概念的界定，目前国内外无论是学术领域或是实践领域并没有公认的统一概念。

1. 学术领域的界定

在学术领域，国内外学者分别从不同的视角对"公共资源"进行解读。概括来讲主要包括以下几种视角。

（1）经济学的视角

资源稀缺性是经济学研究的基本假设，公共资源的优化配置也是经济学领域关注的主要命题之一。首先，较早的有关"公共资源"的代表性界定，主要有 Hardin 在 "The Tragedy of the Commons" 提出的观点，即能够为所有成员共享的资源都可以称作公共资源，如水、空气、土地、海洋、林业等资源[1]。奥斯特罗姆把"公共池塘资源"（common pool recourse）界定为"一个自然的或人造的资源系统，这个系统之大，使得排斥因使用资源而获益的潜在受益者的成本很高"[2]，其实质上可以理解为是一种小规模的集体公共资源。巴泽尔指出："公共资源的范围与两个方面有着密切关系：一是公共资源价值属性的多样性；二是公共资源产权界定成本。"[3]

---

[1] Garrett Hardin, "The Tragedy of the Commons", *Science*, Vol. 162, No. 3859, 1968, pp. 1243–1248.

[2] ［美］埃莉诺·奥斯特罗姆：《公共事物的治理之道》，余逊达、陈旭东译，上海译文出版社 2012 年版，第 5 页。

[3] ［美］Y. 巴泽尔：《产权的经济分析》，费方域、段毅才译，上海人民出版社 1997 年版，第 1—36 页。

其次，部分学者把公共资源作为一种资产进行界定，比如刘尚希和吉富星认为："公共资源是指国家和集体所有的各类资产，它不但包括自然状态下的土地矿产等资源型资产，还包括经营型资产、非经营型资产和国有金融资产。"[1]而陈鹏辉和何杰峰将公共资源界定为一种虚拟的资产，"认为公共资源是为满足生产生活的需要而拟制的'财产利益'，在实践中不但包括政府拥有或经其许可的有形资产，而且还包括无形资产"[2]。

再次，部分学者从经济属性出发，概括了公共资源的内在特性，比如韩方彦指出公共资源主要具有外部性、产权结构、公共产品、供需特性与市场失灵等方面的经济属性，并且他认为经济属性与制度联系密切，需要从制度的视角来研究公共资源的治理问题[3]；李齐云认为："公共资源作为公共物品具有消费竞争性、无法排他或者排他成本过高的内在特性。"[4]

（2）法学的视角

产权是经济所有制关系的法律表现形式，包括财产的所有权、占有权、支配权、使用权、收益权和处置权，因此，法学领域对公共资源的界定主要是从"产权"维度作为切入点。比如楼惠新和王黎明认为："公共资源除了可以被成员共同享有外，它的经营权和所有权也可以适当地分离。判定公共资源可以从以下五个方面出发，一是公共资源的公共性特征，它的所有权为全体成员共同所有，个人无权占为私有；二是公共资源的整体性特征，它不可以肆意分割；三是公共资源所蕴含价值的社会性特征，它能够使全体社会成员收益；四是公共资源本身也具有外部性特征；五是公共资源的非排他

---

[1] 刘尚希、吉富星：《公共产权制度：公共资源收益全民共享的基本条件》，《中共中央党校学报》2014年第5期。

[2] 陈鹏辉、何杰峰：《公共资源出让的根基性问题探讨》，《商业时代》2013年第35期。

[3] 韩方彦：《公共资源的经济属性分析》，《理论月刊》2009年第3期。

[4] 李齐云：《政府经济学》，经济科学出版社2003年版，第13页。

性特征，它并不能排斥他人对公共资源的享用。"①

蔡小慎、刘存亮指出："公共资源具有公共性特征，由国家和社会共同所有，它包含的范围也非常广泛，根据各地现行的制度文件规定，公共资源不但包括政府采购与工程建设招标项目所使用的国有资金，而且还包括国有产权交易中所涉及的国有资产，以及采矿权、探矿权、国有土地的使用权与各种市政公用设施工程的承包权、特许经营权、冠名权等方面。"② 此外，马壮昌将公共资源定义为"由政府支出、投资所建立的资产和由社会管理所形成的专有权益组成的经济资源"③。

（3）公共管理学的视角

在公共管理学领域对公共资源的界定多是从"公共物品"或"公共产品"维度进行区分，偏向于强调其属性中"公共性"特征，比如杨红伟基于私人物品与公共物品的区分认为："公共资源是能够提高人类福祉的具有非完全排他性的社会和自然物品，它主要包括公共社会资源、公共自然资源和公共福利资源三个方面。"④ 唐兵进一步指出，"公共资源作为一种公共物品，具有非排他性的特征，认为公共资源被提供后，会有众多的消费者共同消费从而很难把参与消费的任何人排斥出去。此外，公共资源本身而言，其存量具有一定的限度，而过度的消费超过公共资源本身的限度，也必然使公共资源陷入'公地悲剧'的恶果，从而造成无法挽回的损失。"⑤

此外，屈锡华和陈芳（2004）对公共资源与公共产品进行了

---

① 楼惠新、王黎明：《论我国公共资源安全问题》，《安全与环境学报》2002年第6期。
② 蔡小慎、刘存亮：《公共资源交易领域利益冲突及防治》，《学术界》2012年第3期。
③ 马壮昌：《建立统一规范的公共资源交易市场》，《价格理论与实践》2011年第6期。
④ 杨红伟：《代理悖论与多元共治：传统公共资源管理的缺陷及矫正机制》，《经济研究导刊》2014年第32期。
⑤ 唐兵：《论公共资源网络治理中的信任机制》，《理论导刊》2011第1期。

区分，认为公共资源与公共产品既有相同的一面，也有区别的一面，二者相同的是都具有不可分割的效用和非排他的收益，二者的区别在于公共产品的消费具有非竞争性的特征，如义务教育、国防、基础设施等，而公共资源的消费具有一定程度的竞争性，成员在共同消费公共资源的过程中会出现相互的竞争，一方的多消耗往往会使其他成员的效用降低，如水资源、生活能源等①。

2. 实践领域的界定

在实践领域，通过查阅国家及地方法律法规文件发现，当前有关公共资源的概念界定官方文件目前并没有统一的界定。

（1）国家层面

在 2003 年中华人民共和国第十届全国人大第四次会议通过的《中华人民共和国行政许可法》第十二条第二项中规定："有限自然资源开发利用、公共资源配置以及直接关系公共利益的特定行业的市场准入等，需要赋予特定权利的事项"②，使用了"公共资源"这一官方术语，然而并没有对"什么是公共资源"进行明确的界定，只是直接把公共资源作为与自然资源、特定行业的市场准入相并列的资源项目直接使用。

（2）地方层面

在地方法规层面，福建省纪委监察厅 2007 年 7 月《关于进一步规范公共资源市场化配置工作的若干意见》中明确界定了"公共资源"的概念，即"所谓公共资源是指属于社会的公有公用的生产或生活资料的来源，主要包括社会资源、自然资源和行政资源。社会资源主要是指公用事业领域具有基础性、先导性、公用性的资源，如供水、供气、供热、公共交通、污水或垃圾处理等行业的特许经营权等；自然资源主要是指土地、矿藏、水流、森林、山岭、荒地、

---

① 屈锡华、陈芳:《从水资源短缺看政府对公共资源的管理》,《中国行政管理》2004 年第 12 期。

② 中华人民共和国中央人民政府官网:《中华人民共和国主席令（第七号）》, http：//www.gov.cn/flfg/2005 - 06/27/content_ 9899.htm, 2005 年 6 月 27 日。

海域、滩涂等，如经营性土地使用权、采矿权等；行政资源主要是指政府依法履行经济调节、市场监管、社会管理和公共服务职能所形成及衍生的资源，如户外广告设置权、公交线路经营权和网吧经营权等"①。安徽省2013年3月批准的《合肥市公共资源交易管理条例》中界定："公共资源，是指国家机关、事业单位和被授权的组织所有或者管理的，具有公有性、公益性的资源。"②河北省2012年5月颁布地方标准（DB13/T1534-2012）《河北省质量技术监督局发布公共资源交易技术中心建设与管理规范》文件中，界定"公共资源"为："政府或所属单位以及政府授权的公共管理部门拥有、控制或者掌握的经营性、垄断性或特许经营性的资源。"③

2011年1月厦门市第十三届人民代表大会常务委员会第二十六次会议通过的《厦门经济特区公共资源市场配置监管条例》中也对"公共资源"进行了界定，"公共资源是指本市机关、事业单位和经授权的其他组织（以下统称公共资源管理部门）拥有、控制或管理的下列专用性、公益性资源：（一）国家有限自然资源的开发利用；（二）直接关系公共利益的特定行业的市场准入；（三）机关、事业单位资产以及罚没物品的处置；（四）货物、工程或者服务的政府采购；（五）公共设施的户外广告设置权、公共活动冠名权等应列入配置目录的其他公共资源"④。宁波市2007年10月，甬党〔2007〕17号文件《中共宁波市委宁波市人民政府关于推进公共资源市场化配置的意见》中把"公共资源"定义为："是指属于社会公用的

---

① 厦门市财政局官网：《福建省人民政府办公厅转发省纪委省监察厅关于进一步规范公共资源市场化配置工作若干意见的通知》，http：//www.xmcz.gov.cn/ggzyscpz/zcfg/zhgl/2012/11/20/42589.html，2012年11月20日。

② 合肥市政府官网：《合肥市公共资源交易管理条例》，http：//renda.hefei.gov.cn/8541/8542/201304/t20130420_1791150.html，2013年4月20日。

③ 中央工程治理领导小组办公室：《公共资源交易市场建设相关规章制度选编》，中国方正出版社2013年版，第138页。

④ 厦门市财政局官网：《厦门经济特区公共资源市场配置监管条例》，http：//www.xmcz.gov.cn/Item/29996.aspx，2011年10月25日。

生产（生活）资源，既有有形资源，也有无形资源，主要包括公用性资源、自然性资源、资产性资源和行政资源。公共性资源主要是指公共事业领域具有基础性、先导性、公用性的资源；自然资源主要是指土地、矿藏、水流、森林、海域等开发利用所形成的资源；资产性资源是指政府和国有企事业单位使用国有资金采购或国有资产转让所形成及衍生的资源；行政性资源是指政府依法履行经济调节、市场监管、社会管理和公共服务职能所形成及衍生的资源。"①

（二）"公共资源"内涵的研究评述

通过以上对学术领域和实践领域对"公共资源"的概念界定进行梳理和归纳发现，公共资源主要具有以下几个方面的特征：第一，公共资源在所用权上属于国家和社会所有，具有公共性。第二，公共资源包含范围广泛，既包括自然资源、社会资源等表现为具体形态的资源，也包括行政资源这种无具体表现形态的衍生性资源。第三，从利用属性上可划分为原生性公共资源和可交易公共资源，其中原生性公共资源主要包括非竞争性和非排他性的自然资源与社会资源，例如空气、国防等资源，可交易公共资源主要涉及公共资源中可用于转让、经营的部分资源。而在实践领域中，各地市法律法规文件中"公共资源"的界定正是从狭义的视角把"公共资源"视同"可交易公共资源"，其强调的是"公共资源"中可用于市场化配置的部分。

本书研究的"公共资源"主要基于学术领域与实践领域已有研究成果所界定的广义概念，即公共资源是指国家与社会共享，且由公共部门代为治理或者提供的涉及公共利益与社会利益的生产要素集合；其可以分为"原生性公共资源"和"衍生性公共资源"两个层面，原生性公共资源主要涉及有关公共利益及社会利

---

① 宁波市公共资源交易中心：《关于推进公共资源市场化配置的意见》，http://www.bidding.gov.cn/nbszfgf/3383.htm，2014年7月15日。

益的自然资源层面,衍生性公共资源主要涉及公共部门在履行公共管理职能过程中所提供的公共服务、公共物品及准公共物品层面。从该层面论述可以发现,公共资源实质上可以称之为公共行政研究的核心对象,或者说公共行政实践的演化与理论范式的转换,其追寻的主要价值在于探寻公共资源的有效治理模式,以提高国家和社会成员的公共福祉。因此,本书所研究的"公共资源"并不是特指具体某一类公共资源,而是以公共行政学科视角为切入点,主要探寻"合作治理"这一公共资源有效治理模式的机制设计问题。

二 公共资源治理模式的研究进展与评述

(一) 公共资源治理模式的研究进展

当前,以"公共资源合作治理"为主题的研究成果相对较少,根据"CNKI学术关注度趋势统计图"(见图1-1)可以看出,1997—2017年仅有3篇研究文献。在国外研究成果查阅中,通过Web of Science检索关键词"Common Resource"和"Collaborative Governance"并没有直接的已有研究文献。

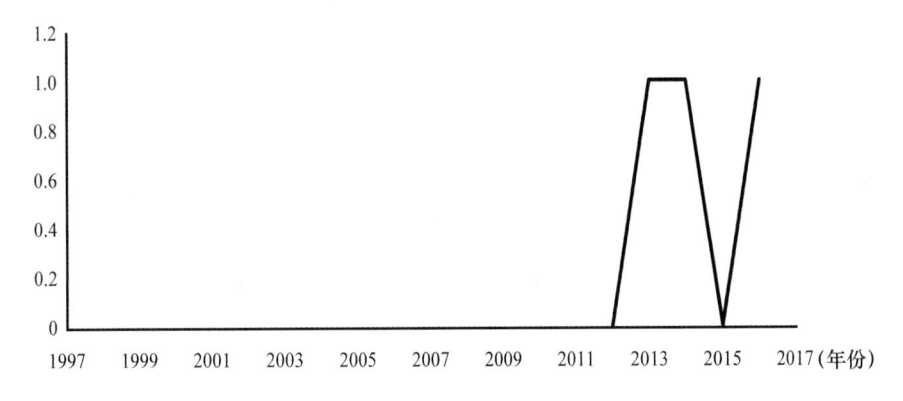

图1-1 "公共资源合作治理"学术关注度趋势(1997—2017年)

而扩大检索概念，以"公共资源治理"为主题，根据"CNKI 学术关注度趋势统计图"（见图1-2）分析，1997—2017年有关"公共资源治理"的研究文献有27篇，Web of Science 检索关键词"Common Resource"和"Governance"，有国外研究文献45篇。

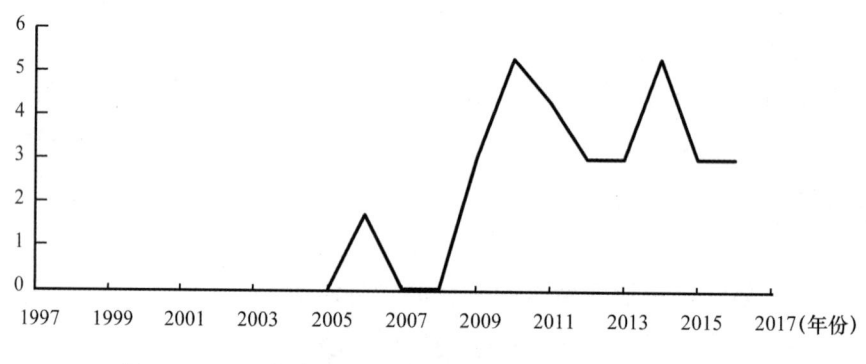

图1-2 "公共资源治理"学术关注度趋势（1997—2017年）

为获得充分的研究资料，进一步扩大概念范围，以"资源、治理"为检索主题关键词，根据 CNKI（EI、CSSCI、核心期刊来源）检索，国内已有研究文献分布在1992—2017年共436篇。同时根据 Web of Science（SCI, SSCI, CPCI, JCR, ESI, Biosis Previews, MEDLINE etc.）平台，以"Resource, Governance"为检索关键词，分布在1983—2017年共有380篇国外研究文献（见表1-1）。

表1-1　"资源、治理"国内外研究文献数理统计

年份 国别	1983— 1989年	1990— 1996年	1997— 2003年	2004— 2010年	2011— 2017年	合计
国内文献	0	16	46	121	253	436
国外文献	2	3	23	102	250	380

资料来源：根据"CNKI"和"Web of Science"统计数据绘制。

通过上述数理统计分析，可以发现，有关公共资源合作治理的研究成果较少，但是，公共资源治理领域以及资源治理领域，国内外研究成果颇丰，并且呈现逐年增长的趋势。因此，要研究"公共资源合作治理机制"客观上需要对国内外公共资源治理领域的研究进展进行梳理，以期为本书的研究提供理论上的铺垫和实践上的指引。由于公共资源治理领域国内外学者的已有研究主题聚焦而视角多样，所以，本书摒弃以"国内外研究分述"的传统形式，主要以宏观的视角对国内外研究进展进行归纳与述评。

从宏观层面分析，国内外学者对公共资源治理的研究主要集中在探讨公共资源治理由"谁"在主导，以及在其主导下是怎样的治理模式，基于此思路可以把公共资源治理概括为四种模式，即私有化治理模式、政府直接治理模式、自主治理模式和网络化治理模式。

1. 私有化治理模式

私有化治理模式的特点在于突出"市场"这一资源配置主体在公共资源治理中的主导地位，新制度经济学领域的交易成本与产权理论研究组成了私有化治理模式的理论建构。"交易成本"理论最早源于科斯的论述，即"利用价格机制是有成本的。市场上发生的每一笔交易的谈判和签约费用也必须考虑在内"[1]。肯尼思·阿罗把交易成本界定为"利用经济制度的成本"[2]，Williamson 更是形象地把交易成本比喻为物理学中的"摩擦力"[3]。

交易成本的界定奠定了产权理论的基础，或者产权的确立是降低资源治理过程中交易成本、规避外部性的有效方式。正如登姆塞茨所述："能够引导实现外部性内在化的激励是产权的一个

---

[1] ［美］罗纳德·哈里·科斯：《论生产的制度结构》，盛洪、陈郁校，上海三联书店1994年版，第5页。

[2] ［美］迈克尔·迪屈奇：《交易成本经济学》，王铁生、葛立成译，经济科学出版社1999年版，第25页。

[3] Oliver E. Williamson, *The Economic Institutions of Capitalism*, New York: New York Free Press, 1985, p. 31.

重要功能",并指出"私有化由于具有排斥性的特点,所以在使用资源方面更具有经济效率,并且内在化也是通过私有化来实现"①。同时,张五常在《私有产权与分成租佃》研究中指出:"给定土地可市场化的私有产权之后,市场的竞争机制会自然的形成有效合约",并明确指出:"具有可转让性和排他性的产权,资源配置必然是有效率的。"② 可见,私有化治理模式是建立在产权界定私有化的基础之上,试图通过确立私有产权,利用市场化配置以实现公共资源治理效率帕累托最优的资源治理模式。

2. 政府直接治理模式

与私有化治理模式相比较,政府直接治理模式所突出的是政府在公共资源治理过程中所发挥的主导作用,并且其主导作用的发挥主要依附于政府本身所具有的权力属性与合法强制能力。该模式的思想渊源最早可以追溯到欧洲启蒙运动时期霍布斯对"国家理论"的形塑,即"国家的本质就存在于他身上,……通过人们相互订立契约,他就使群体的每个人成为他的授权者,而最终他可以使用所有人享有的为和平与共同防卫而使用的力量和手段"③。如果说,霍布斯的论述为政府直接治理资源提供思想上的启蒙,那么,20 世纪三四十年代凯恩斯的政府干预理论,即"否定传统经济学的自由放任,主张实行积极的国家干预经济运行的政策"④,是政府直接治理公共资源的有力实践。

中华人民共和国成立初期计划经济体制下的公共资源治理是典型的政府直接治理模式。为体现社会主义公有制度的优越性,"在公

---

① [美] R. 科斯、A. 阿尔钦、D. 诺斯等:《财产权利与制度变迁——产权学派与新制度学派译文集》,刘守英译,上海三联书店 1991 年版,第 98、107 页。
② 同上书,第 129、132 页。
③ [美] 霍布斯:《利维坦》第 1 卷,刘胜军、胡婷婷译,中国社会科学出版社 2007 年版,第 275 页。
④ [美] 约翰·梅纳德·凯恩斯:《就业、利息和货币通论》(译者前言),金碚、张世贤译,经济管理出版社 2012 年版,第 8 页。

有制基础上以中央集中管理为主,通过行政指令配置资源的计划经济模式在三大改造以后基本建立起来"①,公共资源的供给与分配主要依靠国家的公有权力进行直接治理。吴敬琏认为:"这种由国家行政指令配置资源的方式主要依靠预先制定的编制计划来执行,该配置方式是否有效关键在于通过主观编制的计划与客观现实是否一致。"②

3. 自主治理模式

自主治理模式的建构主要归功于埃莉诺·奥斯特罗姆在研究公共池塘资源治理模型中的贡献。"无论是哈丁提出的'公地悲剧'、囚徒博弈的困境,还是曼瑟尔·奥尔森论述的集体行动的逻辑,它们都得出了共同享有公共资源的成员往往会从自身利益出发,而不会为集体利益走向合作"③,奥斯特罗姆则通过案例研究得出以"多中心"为治理基础的自主治理模式,"规模较小的公共池塘资源的占用者较有可能通过自主组织来有效治理他们的公共池塘资源"④,并据此提出了长期存续的公共池塘资源制度的设计原则,即"清晰界定边界,占用和供应规则与当地条件相一致,集体选择的安排,监督,分级制裁,冲突解决机制,对组织权的最低限度的认可,嵌套式企业"⑤。

张振华则考察了多中心自主治理理论的局限性和中国的适用性,指出,"资源是稀缺的,多中心自主治理理论对小型范围的公共资源比较适用,然而并不适用于大范围的公共资源或者不可再生的公共资源",并认为"多中心自主治理对我国公共资源治理实践具有一定的借鉴意义,比如,在土地资源利用上赋予农民集体

---

① 萧冬连:《本土资源与苏联模板——关于中国计划经济起源的讨论》,《中共党史研究》2017 年第 6 期。

② 吴敬琏:《当代中国经济改革》,上海远东出版社 2004 年版,第 23 页。

③ [美] 埃莉诺·奥斯特罗姆:《公共事物的治理之道》,余逊达、陈旭东译,上海译文出版社 2012 年版,第 213 页。

④ 同上书,第 214 页。

⑤ 同上书,第 108 页。

决策和执行的自主权,促进了土地资源的可持续利用,有利于缩小贫富差距"①。公共资源具有共享的特性,朱宪辰和李玉连研究了共享资源的自主治理问题并指出:"制度供给是实现共享资源自主治理的重要方面,在共享资源治理中实现和促进群体间的合作行为依靠的是制度规则等正式制度和非正式规范等非正式制度的投入。"② 正如奥斯特罗姆提出的在公共池塘资源治理集体行动中所面临的"新制度供给、可信承诺和相互监督"三个难题③,三大难题的解决也是公共资源自主治理模式获得成功的关键。

4. 网络化治理模式

网络化治理模式作为复合型的公共资源治理模式,其特点主要集中在主张在公共资源治理过程中发挥多主体的作用,混合资源治理主体的功能,实现优势互补。正如戈德史密斯等指出:"网络化治理是政府管理的新形态,它代表了四种发展趋势(第三方政府、协同政府、数字化革命、公民选择),把协同政府的网络管理能力与第三方政府的公私合作特质相结合,同时依靠数字化技术使其连接起来,进而赋予公民在各种服务运行方案中拥有多种选择权利"④。Bixler 等认为:"网络化治理提供了一种新的管理方式,它能超越单一的机构、组织和范畴,让资源管理人员与其他相关人员共同从事资源治理"⑤,Poocharoen 等研究了如何评估公共资源治理中网络治

---

① 张振华:《集体选择的困境及其在公共池塘资源治理中的克服——印第安纳学派的多中心自主治理理论述评》,《行政论坛》2010 年第 2 期。
② 朱宪辰、李玉连:《异质性与共享资源的自发治理——关于群体性合作的现实路径研究》,《经济评论》2006 年第 6 期。
③ [美] 埃莉诺·奥斯特罗姆:《公共事物的治理之道》,余逊达、陈旭东译,上海译文出版社 2012 年版,第 49 页。
④ [美] 斯蒂芬·戈德史密斯、威廉·D. 埃格斯:《网络化治理:公共部门的新形态》,孙迎春译,北京大学出版社 2008 年版,第 17 页。
⑤ R. Patrick Bixler, Dara M. Wald, Laura A. Ogden, Kirsten M. Leong, Erik W. Johnston, Michele Romolini, "Network Governance for Large-scale Natural Resource Conservation and the Challenge of Capture", *Frontiers in Ecology & the Environment*, Vol. 14, No. 3, 2016, pp. 165–171.

理的实际功效,并提出了评价网络治理有效性的五个标准,即"1. 成员间角色和目标的明确性;2. 独立与持续的资金来源;3. 正式的机构设置;4. 执行能力;5. 成员间的依赖程度"[①]。

唐兵在研究公共资源治理中指出:"公共资源网络治理是解决公共资源问题的新模式",并强调"多元化治理主体之间的信息、资源、权力与组织等要素的整合程度,直接决定着治理的效果"[②]。同时蒋永甫认为:网络化治理模式中"公共部门的任务不仅局限于充分利用公共资源提升公共服务和公共产品的供给,组织公共资源创造公共价值已经成为公共部门的核心职责",并且指出"网络化治理模式主要包括三种资源配置的方式,即权力、协商和交易"[③]。此外马捷和锁利铭结合中国实际在西方学者界定的网络化治理模式基础上提出,中国公共资源治理中"需要构建行政性网络和领导性网络兼备的双重治理结构,在横向上给予各种新兴治理主体行政规则上的支持,同时在纵向上精简自上而下的传统层级结构,进而实现公共服务和公共物品的优化配置"[④]。

(二) 公共资源治理模式的研究评述

基于上述有关"公共资源治理"国内外研究文献的数理统计和宏观分析发现,国内外学者对公共资源治理的关注度呈现逐年上升趋势,公共资源治理问题已经成为国内外政府部门付诸实践的重要领域。从宏观视角界定的四种公共资源治理模式(私有化治理模式、政府直接治理模式、自主治理模式、网络化治理模式)基本概括了当前国内外公共资源治理实践的主要形式,并且四种治理模式既有

[①] Ora-orn Poocharoen, Benjamin K. Sovacool, "Exploring the Challenges of Energy and Resources Network Governance", *Energy Policy*, Vol. 42, No. 2, March 2012, pp. 409–418.

[②] 唐兵:《公共资源网络治理中的整合机制研究》,《中共福建省委党校学报》2013年第8期。

[③] 蒋永甫:《网络化治理:一种资源依赖的视角》,《学习论坛》2012年第8期。

[④] 马捷、锁利铭:《区域水资源共享冲突的网络治理模式创新》,《公共管理学报》2012年第2期。

区别也有联系。

在区别方面，四种治理模式主要不同在于治理主体"政府""市场""社会"之间的博弈。私有化治理模式主张以公共资源"私有化产权"为基础，无视政府的作用，完全通过市场进行优化配置；而政府直接治理模式属于隔绝"市场"在公共资源配置中的作用，试图依靠政府本身的权力通过行政指令直接治理公共资源，走向了公共资源治理的另一极；自主治理模式摆脱了政府与市场的局限，主张通过公共资源利益相关者自主组织和自主治理以克服公共资源治理中的"公地悲剧"和集体选择的"不理性"逻辑；网络化治理模式则融合了政府、市场和社会多元治理主体，通过功能整合以实现公共资源治理的有效性。在联系方面，四种治理模式在本质上具有相通性，即公共资源的不同治理模式都是不同时期政府治理模式的产物，资源具有稀缺性，政府部门如何实现公共物品和公共服务这一"公共资源"合理公平有效地配置，是当代中国政府部门公共资源治理需要探索的重要命题，因此，这也是本书研究"公共资源合作治理机制"的主要动机。

第三节　研究方法与技术路线

一　研究方法

（一）文献研究法

通过 CNKI、Web of Science、谷歌学术、百度学术等网络学术平台查阅国内外有关公共资源治理相关的文献资料，同时通过厦门大学图书馆、厦门市图书馆、福建省图书馆搜集与梳理国内外公共资源治理已有研究成果。并且，网络访问中国政府以及国外政府职能部门网站查阅有关公共资源治理实践的法律法规条文。结合以上网络资源与纸质资源全方位的搜索与筛选，为本书研究提供充足的文献基础。

（二）实地研究法

实地调研地点主要集中在厦门和北京，调研对象主要涉及财政局、公路局、建设局、旅游局等 20 多个职能部门以及相关私营部门。分别对负责和参与公共资源合作治理项目的公共部门和私营部门负责人进行深度访谈，并且跟踪调查了北京市某林地改造项目的合作治理全程。以了解公共资源治理的现状、方式、存在的问题以及公共资源合作治理的机制建设与实践经验。

（三）案例研究法

经过对在实地调研中积累的实践案例素材，以及搜集查阅的文献资料编写与剖析公共资源合作治理的典型案例，并且对公共资源治理机制的理论分析框架与实践案例进行比较分析，客观上对本书"公共资源合作治理机制"的主体理论研究进行了验证，有利于促进理论与实践的有机结合。

（四）系统分析法

本书的研究核心内容是"公共资源合作治理机制"，实质上是"机制设计"的问题。从整体上分析，合作治理机制需要遵循系统分析的逻辑思路进行建构，即合作治理中的主体关系、工具选择、制度安排、运行机理、风险剖析、实践案例各个部分共同构成了公共资源合作治理机制的整体，同时从合作治理机制系统整体反观各组成部分，能够更加精细化地分析公共资源合作治理机制特质。

二 技术路线

根据图 1-3 描述，公共资源合作治理机制研究技术路线主要分为三个阶段：第一阶段为准备阶段，通过文献搜集、实地调研，积累充分的研究文献和调研材料，在此基础之上对已有研究文献与材料进行梳理和归纳，并进行公共资源合作治理机制的理论研究，为公共资源合作治理机制的设计奠定理论基础。第二阶段为主体阶段，即依据已有理论研究前提，运用系统分析法建构公共资源合作机制

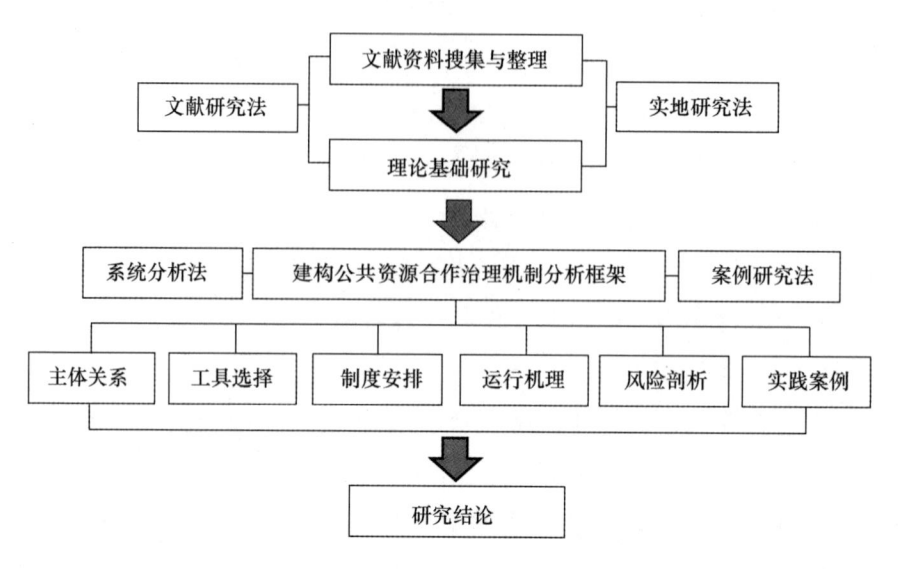

图1-3　公共资源合作治理机制研究技术路线

理论分析框架，并对各个环节进行精细化分析；并且在实地调研的基础上阐释和剖析公共资源合作治理机制的典型案例，并进行比较研究。第三阶段为总结阶段，根据以上两个阶段，特别是第二阶段的研究分析，总结得出本书的研究结论。

第四节　研究创新与不足之处

一　研究创新

国内外有关"公共资源"与"合作治理"的研究文献汗牛充栋，特别是"合作治理"的研究更是浩如烟海，但是从已有研究成果可以发现，"合作治理"逐渐出现"概念泛化"的趋势，与其说"合作治理"是一种理论，不如说它在当前的研究中更像是一种"理念"，即已有研究成果主要贡献在于促进公共资源治理主体由"一元"向"多元"，行为模式由"命令"向"合作"的转变，并由"管理时代"走向了"治理时代"。但是，如何实现"合作治理"理念的构想，或者说要"走向合作治理"需要进行具体怎样的"机制设计"，在当前还鲜有研究。

从总体上看本书研究更偏向于"基础理论"研究，并结合相关案例进行比较分析，并没有单一研究具体某一类公共资源在实践中是如何治理的问题，而主要关注点在于以"合作治理"自身所隐含的治理对象"公共资源"为逻辑起点，从宏观层面研究公共资源的"合作治理机制"，其实质是"机制设计问题"，即尝试通过建构一个公共资源合作治理的分析框架，并在该分析框架下具体探讨合作治理机制所包含的各主要环节。从该层面讲，这也是本书力图做出的创新之处。

二 不足之处

本书通过建立"公共资源合作治理机制分析框架"来研究"合作治理机制"，分析框架中具体设定了主体关系、工具选择、制度安排、运行机理、风险剖析等主要环节作为框架支撑，难免会出现挂一漏万、以偏概全的现象，合作治理机制不单只包括以上诸环节的研究命题。并且，受学识和各方面能力的限制，在分析框架各主要环节的研究过程中也可能出现论证不充分、观点有失偏颇的嫌疑。因此，在开篇先自审出以上两点最大的不足，以警示在核心内容具体研究的过程中，尽量降低"研究不足"的程度。

第 二 章

公共资源合作治理机制的理论基础

理论基础是公共资源合作治理机制研究所做的必要准备工作，它不但为该主题研究奠定了基础理论支撑，而且勾勒出了公共资源合作治理机制的设计思路，并相应提出了公共资源合作治理机制的分析框架，总领了本书行文布局，为后文各章节的精细化论证绘制了蓝图。

第一节 治理、合作治理、治理机制与国家治理现代化

公共资源合作治理机制研究主要涉及治理、合作治理与治理机制三个理论核心，它们之间既有联系又相互区别。所以，厘清治理、合作治理与治理机制三者的理论内涵是研究公共资源合作机制设计的理论前提。

一 治理的阐释

"治理"（governance）一词在学术研究中较早出现在经济学领

域，Fuller 把经济学定义为："关于良好的秩序和可操作安排的科学、理论或研究"，威廉森认为 Fuller 对经济学的定义恰恰指出了"治理"概念的精髓，并进一步提出"治理是一项评估各种备择组织模式（手段）的功效的作业，目标是通过治理机制实现良好秩序"①。薛澜等考证指出："'治理'自 1989 年世界银行《撒哈拉以南：从危机到可持续发展》报告中使用'治理危机'开始广泛运用于现代社会科学领域，并且以 1998 年 3 月《国家社会科学杂志》（*International Social Science Journal*）出版以'治理'为主题的专栏作为标志，其正式进入全球政治研究的领域。"②

自 1989 年伊始，"治理"在公共行政研究领域的研究初见端倪并得到迅速发展。罗西瑙指出："治理与统治相比较，其内涵更为丰富，治理不但包括政府机制，而且还包括非政府、非正式机制。并且各类组织以及各类人等随着治理范围的扩充可以凭借这些机制实现自身的需要。"③ Rhodes 评论学术界已有研究，认为"治理理论的研究流行但不精确"，以此提出自己的界定，"治理在本质上是自组织网络的集合，通过该治理网络可以作为分配资源和协调控制方式的治理结构以补充市场与层级制"④。

国内较早引入对"治理"理论的系统介绍可追溯到毛寿龙的《治道变革：90 年代西方政府发展的新趋势》和俞可平的《治理与善治》。毛寿龙认为："Govern 既不表示行政（administration）和管理（management），也不等同于统治（rule）。它主要指政府治理公共事务的同时并不直接完全介入公共事务，它替代了韦伯式传统官

---

① ［美］奥利弗·E. 威廉森：《治理机制》，王健、方世健等译，中国社会科学出版社 2001 年版，第 13 页。

② 薛澜、张帆、武沐瑶：《国家治理体系与治理能力研究：回顾与前瞻》，《公共管理学报》2015 年第 3 期。

③ ［美］詹姆斯·N. 罗西瑙：《没有政府的治理》，张胜军、刘小林等译，江西人民出版社 2001 年版，第 5 页。

④ R. A. W. Rhodes, "The New Governance: Governing without Government", *Political Studies*, Vol. 44, No. 4, 1996, pp. 652–667.

僚制行政模式。Governance 理解为'治道',表示的是治理的模式,也即是政府在市场经济条件下的公共事务治理之道。"[1] 俞可平在《治理与善治》中对西方治理理论研究进行了总结,"在既定范围内为满足公众的需要,治理需要运用权威从而维持稳定的秩序,治理通过运用权力在不同的制度关系中规范和引导公民的活动,最终目的在于促进公共利益的最大化",同时也指出"不但国家和市场在社会资源配置中会出现失效,而且治理本身也会出现失效",而应对治理失效的方式就是实现"善治"(Good Governance),"善治在于促进社会管理过程中最大限度实现公共利益,从本质分析,善治是公共生活中政府与公民的合作管理,它体现了政府与公民关系的最佳形态"[2]。从该层面讲,治理理论面临着进一步发展演化的需要,也因此在国内外研究中出现了多种治理研究模式,例如合作治理、合约治理、多元治理、整体性治理、元治理等多种形式。而"合作治理"研究是其中一种重要的研究命题,这也是下文继续探讨的内容。

二 合作治理的阐释

"合作治理"作为治理理论的延伸,在国内外学术界得到广泛关注和不同维度的发展。Taehyon Choi(2012)以社会心理学中的集体决策行为和信息处理为基础推导出"合作治理决策模型",认为"合作治理是一种决策过程,它导向在于集体协商、共识与平等",并且指出,"集体中不同的参与者在合作治理决策过程中会出现行为偏差和各自不同的动机"[3]。Ansell 等认为:"合作治理以共识为基础链接着公共利益与私人利益行为者通过集体决策开展合作行动",同

---

[1] 毛寿龙:《治道变革:90 年代西方政府发展的新趋势》,《北京行政学院学报》1999 年第 1 期。
[2] 俞可平:《治理与善治》,社会科学文献出版社 2000 年版,第 7—9 页。
[3] Taehyon Choi, "Information Sharing, Deliberation, and Collective Decision-making: A Computational Model of Collaborative Governance", Ph. D. Dissertation, University of Southern California, 2012.

时考察了促成合作的因素包括"可信承诺、信任关系、谈判协商和相互理解",并提出"初始合作的达成有利于合作参与者之间信任关系的建立,从而促进更深层次的合作"①。而多纳休等指出在公共管理文献方面合作治理研究术语倾向于混乱,因此澄清强调:"共享裁量权是合作治理的典型特征,单方面做出的决策说明公共部门与私营部门之间并不是合作关系,而只是合同关系。合作治理关键的问题在于裁量权是如何被共享的,并且归纳出三种共享裁量权,即生产裁量权、收益裁量权与偏好裁量权。"②

国内学者对"合作治理"的理解和界定也存在差异,概括分析主要分为以下三种主流倾向:第一,合作治理的概念泛化。操小娟把合作治理等同于治理,认为"治理概念本身意味着公共机构与私人机构管理共同事务的不同方式及集合,它通过正式制度与规则以及相关的非正式制度规则协调着公共机构与私人机构的利益冲突,促使其共同开展合作行动,所以治理与合作治理本质上是一致的"③。袁峰把合作治理等同于协商治理,指出"合作治理的关键在于通过民主协商来促使利益主体共同参与合作行动,而不是利用权力来实现自身的利益"④。滕亚为和康勇把合作治理等同于合约治理,认为"合作治理主要表现为通过合同外包,公共部门将自身的公共服务供给以及相关职能委托给私营部门进行治理,从而形成公共部门与私营部门合作治理模式"⑤。

第二,与西方理论研究"Collaborative Governance"的衔接与反

---

① Chris Ansell, Alison Gash, "Collaborative Governance in Theoryand Practice", *Journal of Public Administration Research & Theory*, Vol. 18, No. 4, 2008, pp. 543–571.

② [美] 约翰·D. 多纳休、理查德·J. 泽克豪泽:《合作:激变时代的合作治理》,徐维译,中国政法大学出版社 2015 年版,第 51—67 页。

③ 操小娟:《合作治理的法律困境和出路》,《武汉大学学报》(哲学社会科学版) 2008 年第 2 期。

④ 袁峰:《合作治理中的协商民主》,《理论与改革》2012 年第 5 期。

⑤ 滕亚为、康勇:《公私合作治理模式视域下邻避冲突的破局之道》,《探索》2015 年第 1 期。

思。谭英俊反思西方合作治理理论的发展，把合作治理界定为"通过公共权力的分享和互动合作，不同行为主体在联合行动中实现公共利益，相互依赖的主体关系、合作主体的多元性、合作行动的自组织性是合作治理实践运行机理所表现出的内在要素"①。敬乂嘉在借鉴西方治理理论的基础上，认为"在处理共同事务过程中各治理主体之间通过对自身所拥有的理性资源进行的共享与交换是合作治理的基本特征，合作治理既不属于政府直接治理，也不属于自治理，而是介于二者之间的复合型治理模式"②。

第三，合作治理的宏观解读与发展。张康之认为："合作治理是全新的治理体系，它是后工业社会进程中的必然要求，工业社会形成的治理体系已经不能适应当前的社会治理现实"③，并进一步提出"以往时代的以权力垄断为标志的治理模式历史合理性逐渐削弱，政府成为合作治理体系中的多元主体中的一元，治理的导向也由控制为中心转变为服务为重心，服务型的社会治理成为合作治理的重要特征"④。柳亦博把合作治理解读为："合作治理超越了传统社会下的'中心—边缘'结构和科层制的层级架构，它是后工业社会进程中社会治理系统进行进一步完善建构的成果。"⑤

可见，自治理思潮兴起到合作治理研究的延伸，合作治理理论得到不断发展与建构。合作治理理论发端于西方学术研究与实践经验，并且中国学者对其理论建构进行了有益的借鉴与拓展。根据国内外学者的共同建构，并结合前文对"公共资源"的宏观界定，公共物品与

---

① 谭英俊：《公共事务合作治理模式：反思与探索》，《贵州社会科学》2009年第3期。

② 敬乂嘉：《从购买服务到合作治理——政社合作的形态与发展》，《中国行政管理》2014年第7期。

③ 张康之：《后工业化进程中的合作治理渴求》，《社会学研究》2009年第2期。

④ 张康之：《在后工业化进程中构想合作治理》，《哈尔滨工业大学学报》（社会科学版）2013年第1期。

⑤ 柳亦博：《论合作治理的生成：从控制、竞争到合作》，《天津社会科学》2015年第3期。

公共服务作为衍生性公共资源组成了公共资源的概念范畴，以此发现，"合作治理"可以理解为是一种在公共资源治理中公共部门与私营部门开展合作的过程，其目标在于通过公共部门与私营部门的合作行动对公共资源进行优化配置，进而实现人民公共利益和社会共同福祉。而如何达成目标则是"合作治理"理论建构的另一个重要方面，即"机制设计的问题"，因此，公共资源合作治理机制研究客观上需要对"治理机制"理论进行阐释。

三 治理机制的阐释

《辞海》对"机制"进行了注释："机制是指有机体的构造、功能和相互关系，如生理机制；或者指一个工作系统的组织或部分之间相互作用的过程和方式，如竞争机制、市场机制。"[①] The Oxford English dictionary 把"机制"（Mechanism）注解为："构造、结构、技巧、技能（framework, structure, technique, system of mutually adapted parts working together）。"[②] 正如 Williamson 所论述："治理的目标是通过治理机制实现良好秩序"，并且赫维茨等认为："从相对简单的、非正式的微妙协议，到非常复杂而规范的构型（structure），我们将规范的构型称为机制。"[③] 可见，治理机制主要研究治理系统的结构及各组成部分之间构造、功能、秩序、规则及相互关系等系统性任务，并且治理机制的建构是治理目标达成的必要手段，其中机制设计理论是构成治理机制研究的核心基础。

"机制设计"理论的构建主要得益于 Leonid Hurwicz、Eric

---

① 《辞海》编辑委员会：《辞海》（第六版缩印本），上海辞书出版社 2010 年版，第 827 页。

② ［英］James A. H. Murray、Henry Bradley、W. A. Craigie、C. T. Onions：《当代牛津百科大辞典》（英汉·英英·彩色·图解），中国人民大学出版社 2004 年版，第 1146 页。

③ ［美］利奥尼德·赫维茨、斯坦利·瑞特：《经济机制设计》，田国强等译，格致出版社 2009 年版，第 2 页。

S. Maskin 及 Roger B. Myerson 的贡献，并且三位学者因创立和发展了机制设计理论获得了 2007 年诺贝尔经济学奖。龚强考证了机制设计理论的起源认为："二十世纪三四十年代开展的针对'社会主义作为一种资源配置机制是否可以永远存在发展'的命题，以兰格和哈耶克为代表而进行的持续辩论"①，该论战并没有讨论出具体的结果，但是却突出了"信息与激励"在资源配置中的作用。赫维茨等用数理语言形象地概括了机制设计的问题，是"对于已知环境集 Θ、结果空间 Z 和目标函数 F，寻找一个隐私保障的机制（或一类机制）$\pi = (M, \mu, h)$ ［方程的形式的$\pi = (M, \mu, h)$］实现定义于Θ的 F。找到能够以尽可能低的信息处理成本实现函数的机制"②，或者说"机制设计主要在于建构相应的经济机制应对分散决策、不完全信息以及自愿交换前提下如何促进资源利用最优化，规避不完全信息条件下导致的资源配置效率的降低"③，并且认为有效的机制设计是"激励相容"的机制，即"使每个利益相关者的最佳策略是真实报告所掌握的信息，这种机制即是激励相容"④，可见，"激励相容"的机制设计追求的目标在于使参与人在获取私人利益的同时能够促进集体目标的实现。

Eric S. Maskin 和 Roger B. Myerson 在 Leonid Hurwicz 的基础上进一步发展了机制设计理论，相比较于 Hurwicz 顶层计划自上而下进行机制设计的视角，Maskin 把博弈论分析引入机制设计理论建构之中，指出："机制设计所导向的是通过互动规则的设计促使利益相关者的行为选择达到均衡的结果"，"与实证经济学相区别，机制设计强调

---

① 龚强：《机制设计理论与中国经济的可持续发展》，《西北师范大学学报》（社会科学版）2008 年第 2 期。

② ［美］利奥尼德·赫维茨、斯坦利·瑞特：《经济机制设计》，田国强等译，格致出版社 2009 年版，第 19 页。

③ 祖强：《机制设计理论与最优资源配置的实现——2007 年诺贝尔经济学奖评析》，《世界经济与政治论坛》2008 年第 2 期。

④ 何光辉、陈俊君、杨咸月：《机制设计理论及其突破性应用——2007 年诺贝尔经济学奖得主的重大贡献》，《经济评论》2008 年第 1 期。

的是从预期结果或目标出发,试图通过构建合理的机制使其运行,从而实现既定的目标"[1],这也称为"执行理论"(implementation theory),"通过把纳什均衡的博弈的形式与一般执行问题相结合,结果显示以无否决权及单调性的前提下,均衡博弈可以实现所有偏好域的社会选择目标"[2],或者说在已设定目标的前提下,通过设计和执行一个博弈均衡的激励相容机制来促进该目标的达成。

Myerson 对机制设计理论发展的主要贡献在于归纳出"显示原理"(revelation principle),"如果某种规则能够达到有效的资源配置,那么也必然存在着一个运行这些规则的直接机制,在该机制中每个利益相关者都会如实反映自身所掌握的信息"[3]。该原理工具有效地简化了机制设计的复杂性,拓展了机制设计理论的应用范围和实用性。比如委托—代理中最优协调机制(即线性规划可以找到最优协调机制,委托人与代理人可以通过直接协调机制,实现代理人如实向委托人反馈信息以及做出的代理人与委托人利益均衡的决策[4]与最优拍卖机制设计(即卖家基于纳什均衡与激励相容设计出实现最优收益期望的拍卖规则[5])。

根据 Leonid Hurwicz、Eric S. Maskin 和 Roger B. Myerson 三位奠基人对机制设计理论的建构可以理解为,机制设计理论是在信息不完全、自由选择、决策分散条件下,如何通过建立一系列规则与秩

---

[1] 吴思、李大巍:《机制设计与中国经济改革——专访 2007 年诺贝尔经济学得主埃里克·马斯金》,《中国经济报告》2017 年第 2 期。

[2] Eric S. Maskin, "Nash Equilibrium and Welfare Optimality", *Review of Economic Studies*, Vol. 66, No. 1, 1999, pp. 23 – 38.

[3] 龚强:《机制设计理论与中国经济的可持续发展》,《西北师大学报》(社会科学版) 2008 年第 2 期。

[4] Roger B. Myerson, "Optimal Coordination Mechanisms in Generalized Principal-agent Problems", *Journal of Mathematical Economics*, 1982, Vol. 10, No. 1, 1982, pp. 67 – 81.

[5] Roger B. Myerson, "Optimal Auction Design", *Mathematics of Operations Research*, Vol. 6, No. 1, 1979, pp. 58 – 73.

序，使各参与者能够在行动博弈中选择达成"激励相容"的策略行为。所以，公共资源合作治理机制正是基于"机制设计理论"，为达成治理目标所需要建构的规则与秩序的集合，并且设置规则建立秩序主要涉及主体关系、工具选择、制度安排、运行机理和风险剖析五个方面。

四　公共资源合作治理与国家治理现代化的内在逻辑

从 2013 年中国共产党第十八届三中全会首次提出"全面深化改革的总目标是完善和发展中国特色社会主义制度，推进国家治理体系和治理能力现代化"，到 2019 年中国共产党第十九届四中全会提出了推进国家治理现代化的总体目标"到二〇三五年，各方面制度更加完善，基本实现国家治理体系和治理能力现代化；到新中国成立一百年时，全面实现国家治理体系和治理能力现代化，使中国特色社会主义制度更加巩固、优越性充分展现"，中国的国家治理现代化建设走过了七年的实践历程。

在此政策导向下，从中央政府到地方政府治理实践逐渐走向现代化变革。国家治理现代化包括国家治理体系和治理能力的现代化，它是中国共产党领导下的国家治理理论与实践创新的先进成果。

习近平总书记强调："中国的国家治理体系是在党领导下管理国家的制度体系，包括经济、政治、文化、社会、生态文明和党的建设等各领域体制机制、法律法规安排，也就是一整套紧密相连、相互协调的国家制度。"[①] 可见，国家治理体系实质上正是一系列制度设计的集中体现，国家治理现代化的目标也即是实现国家治理各项事务的制度机制建设的现代化。

中国共产党第十九届四中全会指出："我国国家治理体系和治理能力是中国特色社会主义制度及其执行能力的集中体现"，国家治理

---

① 许耀桐：《中国特色社会主义政治建设的卓越成就》，《北京日报》，http：//views. ce. cn/view/ent/201709/18/t20170918_ 26054893. shtml，2019 年 9 月 18 日。

体系所对应的是中国特色社会主义制度的集中体现，那么，国家治理能力强调的正是对制度本身执行的能力，因此，国家治理能力现代化所要求的是对中国特色社会主义制度能够科学、高效的执行，让先进的制度优势能够得到充分发挥。现代化的制度体系能够得到不折不扣的执行是保障国家治理现代化的基本要求。

可见，国家治理体系现代化与国家治理能力现代化共同组成了国家治理现代化，二者呈现相互依存、互为条件的统一关系。国家治理体系现代化的实现需要国家治理能力现代化的执行保障，并且国家治理能力现代化的实现客观上需要国家治理体系现代化作为制度保障。

合作治理作为当前公共资源治理的主要模式，与国家治理现代化紧密相连，从实质上看，合作治理也正是国家治理现代化在公共资源治理领域的典型体现。从理论视角分析，"多元主体合作"是合作治理理论的典型特征，合作治理强调的是通过多主体之间的合作，发挥优势互补功能，进而实现治理目标，它区别于传统的单一治理模式，是一种开放式的治理模式。

这是由其所处的时代背景所决定的，进入21世纪以来，市场化、信息化、全球化俨然已成为时代变迁的主旋律，在中国共产党的领导下，中国社会经济发展取得举世瞩目的成就，社会主要矛盾也由人民日益增长的物质文化需要同落后的社会生产之间的矛盾转变为人民日益增长的美好生活需要和不平衡不充分的发展之间的矛盾，那么应对新时代的主要矛盾也正是国家治理现代化所面临的主要任务之一。公共资源与人民日益增长的美好生活需要息息相关，政府在社会治理过程中如何向人民提供充裕的公共资源，其中包括高效的公共服务和优质公共物品，是国家治理在社会领域所需要履行的重要任务。

2013年中国共产党第十八届三中全会对"市场"的作用做出了重要调整，把党的十四大以来的"发挥市场在资源配置中的基础作用"转变为"发挥市场在资源配置中的决定性作用，更好地发挥政府的作用",这为国家治理现代化建设提供了明确的政策指南,并且,发挥市场的"决定性"作用也成为国家治理现代化的主要特征之一。市场机制是表现为多方参与、自由竞争的系统体系,政府部门在公共资源治理过程中引入市场机制,开展与市场中私营部门的合作治理,充分发挥了市场的决定作用。通过市场自由竞争、择优选取的合作伙伴,在公共资源治理领域具有治理技术与治理成本的双重优势,因此,合作治理正是国家治理现代化在社会治理领域的集中体现,公共资源合作治理模式是政府部门践行国家治理现代化建设、满足人民日益增长的美好生活需要、为人民提供高效优质的公共服务和公共物品的必然选择。

可见,合作治理并非是完全照搬西方"合作治理"理论的话语体系,而是在当前中国社会经济迅速发展的背景下社会治理模式变迁的结果,它与国家治理现代化建设存在着内在的逻辑关系。在公共管理研究领域,"合作治理"理论兴起于20世纪八九十年代西方国家的一系列政府改革实践,也可以说是"新公共管理运动"的实践积累和进一步发展,"新公共管理"引入了市场机制,强调了政府管理的"效率",提倡"把竞争机制注入提供服务中去"[①],"合作治理"则强调了"多元主体间的合作",在西方话语体系中这种合作中的多元主体是一种"平等"的地位,即进行合作的各主体完全平等地享有自由裁量权,这与西方国家所谓"公民社会"的发展以及"权力分立与制衡"的政治传统密不可分,客观分析,"合作治理"的确在西方国家政府管理和社会治理过程中发挥了良好的效果,但是不可忽视的是,这种所谓的"平等"蕴含着巨大的风险,即平等的各方往往会因利益过程的博弈而加重合作成本的损耗,进而使合作治理项目偏离"公共利益"的价值目标,而成为合作各方谋取私利的屏障。

---

① [美]戴维·奥斯本、特德·盖布勒:《改革政府:企业家精神如何改革着公共部门》,周敦仁等译,上海译文出版社2010年版,第43页。

20世纪90年代,"合作治理"理论被引入中国,在学术领域开展了广泛的研究,并且同时也衍生出了"协同治理""协商治理""合约治理"等相关理论主题,通过对上述衍生主题的研究梳理发现,其实质与"合作治理"核心内容是一致的,都强调"多主体间的合作"。虽然都以"多元主体"作为合作治理的典型特征,但是,引入中国的"合作治理"已经经过了本土化的洗礼,开始变迁为适合中国社会治理土壤的理论体系。合作治理中"多元主体间的合作"保留了西方合作治理的结构形式,但是其"多元主体间合作"的实质发生了改变,使其更加适合中国的政治生态与社会经济发展机制。西方国家合作治理中的多元主体所强调的是所谓主体地位和权力的平等,而中国合作治理中的多元主体所体现的是"政府主导、多元参与"。

这种实质性改变不但有利于削减西方国家"合作治理"理论所呈现出的参与各方主体博弈成本损耗的固有弊端,而且可以从根本上保障合作治理项目公共利益价值目标的实现。习近平总书记在党的十九大报告中再次强调:"完善党委领导、政府负责、社会协同、公众参与、法治保障的社会治理体制",这为合作治理中多元主体合作的运行结构提供了有力的政策支持。综合以上研究认为,公共资源合作治理与国家治理现代化具有内在的契合性,合作治理是国家治理现代化在公共资源领域典型的现代化治理模式。

第二节 公共资源合作治理机制的内在要求

合作治理是一项建构中的理论,机制设计也并不是固态的模式,而是机制有效设置的方式,其最大特点是具有灵活性。因此,公共资源合作治理机制的设计客观上有以下四点内在要求。

一 公共资源合作治理机制要与社会结构相协调

"社会结构"是社会学领域的重要概念,安东尼·吉登斯指出:"社会结构泛指是我们生活的社会情境"[①],《社会学词典》将其界定为:"社会诸要素的关系及其构成方式","实际上是社会的主体——人及其生存活动和社会关系的存在方式"[②],陆学艺进一步把社会结构注解为:"一个国家或地区的占有一定资源、机会的社会成员的组成方式与关系格局。"[③] 可见社会结构可以比喻为由社会主体活动组成的关系网络,并且其构成了一切社会行为与公共治理的土壤,因此,公共资源合作治理机制的建构客观上要与一国或地区的社会结构相协调。

中国的社会结构变迁具有时代印记,"社会结构转型和经济体制转轨同时并进,形成相互推动的趋势是现阶段中国社会发展的重要特征"[④]。费孝通先生在《乡土中国》中提出的"差序格局"形象地描述了中国传统社会下以血缘、地缘为"圈子"媒介构成的社会结构,"社会关系是逐渐从一个一个人推出去的,是私人联系的增加,社会范围是一根根私人联系所构成的网络"[⑤],同时差序格局下形成的是以"小农经济"为主体的传统经济体制。伴随着"差序格局"的逐渐瓦解传统社会向现代社会变迁,特别是改革开放以后,社会主体之间的交往开始走出血缘、地缘等"熟人社会"的封闭圈子,社会互动日趋开放,经济体制也由中华人民共和国成立初期的计划经济走向中国特色的市场经济。所以,中国特色社会主义市场经济

---

① [英]安东尼·吉登斯:《社会学》,赵旭东、齐心、马戎、阎书昌等译,北京大学出版社2003年版,第5页。
② 王康:《社会学词典》,山东人民出版社1988年版,第248页。
③ 陆学艺:《当代中国社会结构》,社会科学文献出版社2010年版,第10页。
④ 郑杭生、李强、李路路:《当代中国社会结构和社会关系研究》,首都师范大学出版社1997年版,第20页。
⑤ 费孝通:《乡土中国》,生活·读书·新知三联书店1985年版,第28页。

体制下的开放型社会结构成为国家治理依托的重要社会环境，公共资源合作治理机制的建构必须与之相协调。

二 公共资源合作治理机制要与行政环境相适应

"行政生态学就是在研究行政行为时，必须研究生态环境中的因素及其与行政行为之间关系的一种科学"[1]，把行政环境研究引入公共行政领域较早起源于高斯对行政生态学的研究，他强调了行政环境对政府管理的影响。里格斯通过研究政府行为与行政环境之间的关系，提出了"棱镜模型"，把政府管理分为三种模式：农业社会的融合型、过渡社会的棱柱型、工业社会的衍射型行政模式。费勒尔·海迪在比较行政生态环境研究中指出，"如果能将塑造和修正组织的环境条件、各种影响因素和影响力量都识别出来，并按照相对重要顺序排列，也能弄清组织对环境的影响，那么就能更好理解官僚组织和其他政治和行政机构"[2]。

并且行政环境具有动态性和复杂性的特点，其间接制约着政府决策及行为的效果。高斯在研究行政生态中关注点在于"识别有明显作用的关键生态因素"[3]，而行政体制作为一国或地区政府运作的主体构架是行政环境最直接的体现。中国的行政体制与西方社会有着本质的区别，从纵向看呈现出"职责同构"的基础架构，不同层级间政府职能的高度一致性有利于促进中央政府与地方政府政策推行地协调统一，"集中力量干大事"，同时，职责同构的架构也存在着政府间职责不清、低效、缺乏灵活性的弊端。因此，自改革开放以来，中国行政体制改革持续推进，不断精简机构、转变职能、推行大部制改革、行政审批制度改革，并且党的十六大报告中进一步提出，"深化机构和行政体制改革，统筹考虑各类机构设置，科学配

---

[1] 彭文贤：《行政生态学》，三民书局股份有限公司1988年版，第2页。

[2] ［美］费勒尔·海迪：《比较公共行政》，刘俊生译校，中国人民大学出版社2006年版，第97页。

[3] 同上书，第96页。

置党政部门及内设机构权力、明确职责。统筹使用各类编制资源，形成科学合理的管理体制，完善国家机构组织法，转变政府职能、深化简政放权"。所以，公共资源合作治理机制建构过程中客观上要求与中国的行政环境相适应，即是实现公共资源合作治理机制设计的本土化。

三 公共资源合作治理机制要与政策导向相结合

托马斯·R. 戴伊把公共政策理解为"是关于政府所为和所不为的所有内容，其涉及对行为的管制、组织官僚体系、分配利益行为等"[1]，依附于中国本土化的社会结构和行政环境，公共资源合作治理机制的建构本质上属于政府主导下的合作行为，合作治理机制有效设计与开展的可行性一定程度上取决于是否与公共政策导向相结合。从党的十五大首次提出"发挥市场在国家宏观调控下对资源配置起基础性作用"到党的十八届三中全会做出的"使市场在资源配置中起决定性作用"，中国特色社会主义市场经济发展不断向前推进，市场主体在公共资源治理中日益发挥着显著功能，政府购买公共服务逐渐成为各级政府开展公共资源治理行为的重要选择方式。

在政府政策层面，李克强 2013 年 7 月主持国务院常务会议中首次提出："政府可通过委托、承包、采购等方式购买公共服务；制定政府购买服务指导性目录，明确政府购买服务的种类、性质和内容，并试点推广。"[2] 并且在 2017 年 7 月主持召开的国务院常务会议中强调"拿出更多的优质资产，通过政府与社会资本合作模式引入各类投资，回收资金继续用于新的基础设施建设和公用事业建设，实现良性循环，引导政府出资的投资基金重点投向公共服务、脱贫攻坚、

---

[1] [美] 托马斯·R. 戴伊：《理解公共政策》，彭勃译，华夏出版社 2004 年版，第 2 页。

[2] 中央政府门户网站：《李克强主持召开国务院常务会议研究推进政府向社会力量购买公共服务部署加强城市基础设施建设》，http://www.gov.cn/ldhd/2013-07/31/content_2458851.htm，2013 年 7 月 31 日。

基础设施等领域"①。可见，当前中国政府决策更加鼓励市场主体参与公共资源的治理领域，并且积极引导社会资本融入公共治理之中，在客观上为公共资源合作治理机制达成奠定了有利的政策基础，因此准确把握当前便利的政策导向，是公共资源合作治理机制建构的必然要求。

四 公共资源合作治理机制要与公共利益相统一

公共利益与私人利益相区别，张成福和李丹婷指出："公共利益不是个体利益和群体利益的简单相加，而是在多元社会的治理过程中政府与利益相关者在利益和利益分配上达成的共识。"② 胡鸿高更是认为："政府本质上是人民共同推举的结果，并且需要税收来维持运转，所以政府的关注点也主要集中在满足人民的公共利益"③，维护公共利益是一切政府治理活动的出发点。合作治理的任务导向在于通过公共部门与私营部门的合作行动，实现公共资源在社会成员间的最优化配置。所以，公共资源合作治理机制建构必须与公共利益相统一。

高志宏在整体上把公共利益划分为物质型公共利益和精神型公共利益，"物质型公共利益是指能够化为有形的物质好处的公共利益形态，例如经济利益；精神型公共利益体现为社会进步的法律制度、风俗文化和社会惯例等形式"④。从该层面分析，公共资源合作治理机制的构建既要追求物质型公共利益，同时也是实现精神型公共利益的内在要求。一方面，公共资源合作治理机制的治理对象就是公

---

① 中央政府门户网站：《李克强主持召开国务院常务会议》，http://www.gov.cn/premier/2017-07/05/content_5208235.htm，2017年7月5日。
② 张成福、李丹婷：《公共利益与公共治理》，《中国人民大学学报》2012年第2期。
③ 胡鸿高：《论公共利益的法律界定——从要素解释的路径》，《中国法学》2008年第4期。
④ 高志宏：《公共利益：界定、实现及规制》，东南大学出版社2015年版，第80页。

共资源，而公共资源作为社会发展与成员生活必不可少的物质生产要素，其公平有效的配置直接关系着物质型公共利益的实现；另一方面，合作治理机制本身的建构也是制度建设与社会惯例形成的基础过程，在考察中国社会结构、行政环境、政策导向的前提下，把制度建设与社会惯例相结合进行本土化的机制设计，是实现精神型公共利益的内在要求。

第三节　公共资源合作治理机制的设计思路

根据前文所述，公共资源合作治理机制建构本质上是"机制设计问题"，本书通过"系统分析法"，即把"公共资源合作治理机制"作为一个系统，并且对构成系统的要素进行综合分析。所以，研究的焦点也是探索构成公共资源合作治理机制的系统要素进而对各组成要素进行精细化的分析。唯物辩证法认为："在事物发展过程中主要矛盾处于支配地位，对事物的发展起决定性作用，因此要着重把握主要矛盾，抓重点、抓关键。"可见，建构公共资源合作治理机制的首要前提是抓住构成公共资源合作治理机制的主要系统要素进行综合分析并优化组合。

通过考察当前的合作治理相关理论与实务研究，探究公共资源合作治理机制所包含的主要构成要素。第一，在国内外有关合作治理理论研究中被普遍认同的合作治理理论的关键特征之一是"多主体间的合作"，所以研究合作治理机制客观上需要从主体关系入手，它是公共资源合作治理机制研究的首要前提。第二，厘清机制主体关系后，如何对公共资源进行合作治理，这就涉及治理工具选择的问题，因此工具选择是公共资源合作治理机制研究需要明确的第二个重要组成部分。第三，在主体关系阐释以及工具选择的基础上，如何设计具体的合作治理制度规制是公共资源合作治理机制建构的重心，所以制度安排是公共资源合作治理机制研究需要探究的第三个重要组成部分。第四，制度安排作用如何得到有效发挥，这在客观上需要探索公共资源合作机制的运行机理，因此运行机理构成了公共资源合作治理机制的第四个重要组成部分。第五，公共资源合作治理机制运行中无可避免地会存在各种形式的风险，所以风险剖析是公共资源合作治理机制系统中必不可少的构成要素。第六，理论的落脚点在于引导实践，通过公共资源合作治理中的典型案例分析，进一步审视公共资源合作治理机制研究的实践改进启示。

第四节　公共资源合作治理机制的分析框架

依据系统分析法对公共资源合作治理机制研究设计思路的介绍，建立公共资源合作治理机制的分析框架（见图 2-1），可见，整个分析框架系统共分为六个层次，框架层次之间是逐层递进的关系。第一层次，从"主体关系"研究入手，是机制建立的首先前提，在该部分主要阐释的是公共资源合作治理机制主体的具体划分，主体采取合作策略的行为假设以及如何通过合作博弈促使公共资源治理中合作行为的达成。第二层次，"工具选择"是公共资源合作治理机制的媒介和治理主体行为的"工具包"，该部分主要分析公共资源合作治理过程中具体所涉及主要工具的类别、选择工具的影响因素、价值导向及工具的优化组合。第三层次，"制度安排"是公共资源合作治理机制的重心，该部分主要在前两部分研究的基础上，具体阐释公共资源合作治理机制的正式制度、非正式制度、执行制度以及不同形式制度间的优化整合。第四层次，"运行机理"是公共资源合作治理机制的运行原理，主要研究公共资源合作治理安排运行的条件、环节、方式与平台。第五层次，"风险剖析"是公共资源合作治理机制的"保障"，主要阐释的是公共资源合作治理机制运行中所蕴含的风险表现、影响、诱因与规制路径。第六层次，"实践案例"是公共资源合作治理机制研究的实践"检验"，即通过对公共资源合作治理机制的典型案例与分析框架进行剖析与比较，探索公共资源合作治理机制的实践改进启示。

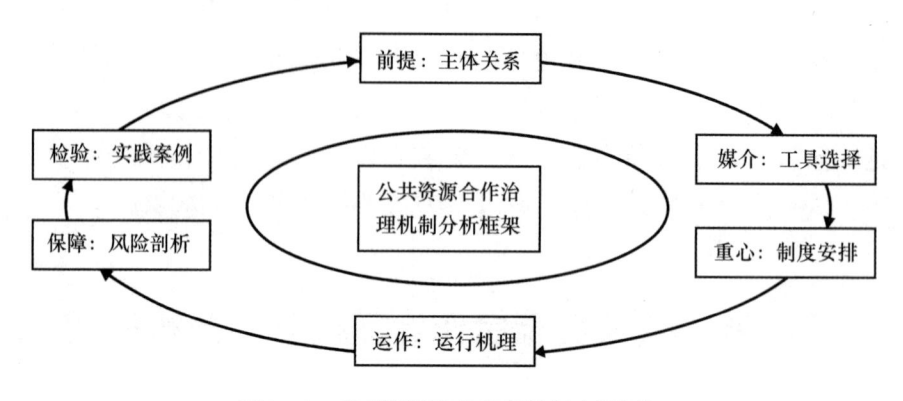

图 2-1　公共资源合作治理机制分析框架

第 三 章

公共资源合作治理机制的主体关系

主体关系是公共资源合作治理机制研究的首要前提，也是进行机制设计的出发点。厘清公共资源合作治理过程中的主体类别与行为假设，探讨主体间的权力边界以及追寻各主体在公共资源治理过程中合作行为的实质，是公共资源合作治理机制设计的必然要求。

第一节　主体类别与行为假设

一　主体类别

"公共资源"是合作治理蕴含的主要研究对象，公共资源合作治理的执行者，即治理主体之间的关系是公共资源合作治理机制建构的首要前提。在前文中论述到，"多元主体的合作行为"是合作治理公认的典型特征，而其中的"多元主体"具体包括哪些，如何进行归类需要进一步梳理。具有代表性的有：敬乂嘉认为："合作治理作为一种复合治理模式，主要合作双方包括政府和社会组织，即在公共治理过程中引入社会资本。"① 谭英俊指出:"合作治理是以分享权力、互动合作为基础的多方行动主体共同处理公共事务进而维护公共利益的过程,多方行动主体主要涉及政府、市场和第三部门。"② 张康之在研究合作治理中提出:"合作治理中的多元主体表现为在公共话语体系中积极参与的非政府组织、社区组织、协会和公民等。"③ 史云贵和欧晴进一步强调"政府与非政府组织的合作治理,是我国社会管理体制创新的重要突破口"④。并且全钟燮在研究社会治理中指出"为了增强公共项目实施的效果,治理力求积极促进公众、私营组织和非政府组织间的共同合作关系"⑤。

根据学术界研究,合作治理的"多元主体"主要涉及政府组织、非政府组织、市场、公民、社会组织、第三部门、协会、社区、私营组织等类别。归纳学者对多元主体的归类发现,不同学者虽然界定的主体称谓有差别,但是总体上划分,合作治理中的多元主体主要包括两大类,即公共部门和私营部门。孙柏瑛和祁凡骅对"公共部门"(Public Sector)做出了比较全面的概括:"公共部门是以实现公共利益及社会共同福利的目标,提供公共服务和公共产品的组织体系。"⑥ 并把该组织体系分为三类:一是拥有公共权力国家各级机关政府;二是由国家政权组织委托授权的国有或民营的事业单位、第三部门等非营利组织;三是由政府出资组建的国有企业和公共公

---

① 敬乂嘉:《从购买服务到合作治理——政社合作的形态与发展》,《中国行政管理》2014 年第 7 期。

② 谭英俊:《公共事务合作治理模式:反思与探索》,《贵州社会科学》2009 年第 3 期。

③ 张康之:《合作治理是社会治理变革的归宿》,《社会科学研究》2012 年第 3 期。

④ 史云贵、欧晴:《社会管理创新中政府与非政府组织合作治理的路径创新论析》,《社会科学》2013 年第 4 期。

⑤ [美] 全钟燮:《公共行政的社会建构:解释与批判》,孙柏瑛等译,北京大学出版社 2008 年版,第 165 页。

⑥ 孙柏瑛、祁凡骅:《公共部门人力资源开发与管理》,中国人民大学出版社 2016 年版,第 8 页。

司。而私营部门（Private Sector）是与公共部门（Public Sector）相对应的概念，可以界定为旨在市场活动中以营利为目的，自负盈亏的一套组织体系，主要包括各种形式的私人企业、公司等。可见，结合学术界已有对合作治理主体的称谓，公共资源合作治理中"多元主体"的合作实质上可以归纳为公共部门和私营部门之间的合作。

二　行为假设

从结构上看公共部门与私营部门属于一种组织体系，但是实质上公共部门与私营部门的运行仍然是由组织行为人来掌舵。所以，公共部门与私营部门作为公共资源合作治理的主要参与者，其行为活动以及合作行为的达成必然基于一定的行为假设。

（一）"完全理性"与"有限理性"经济人假设

"完全理性"经济人假设与"有限理性"经济人假设是社会科学领域研究重要的行为假设基础。亚当·斯密在《国富论》中做出形象的比喻，"饮料和食物并不是出自于酿酒家和屠户的恩惠，而是他们出于获利的目的而提供"[1]，也即是无论是商家或买者，其行为出发点都是最大化满足自身需要。古典经济学把行为人假设锚定为"完全理性"的状态，即在信息完全、偏好稳定的初始设定下，行为人偏向于选择对自己效用价值最高的行动。而赫伯特·西蒙认为理性是有限度的，由于知识的不完备性、困难的预见、可行行为的范围限制，"单独一个人行为不可能达到任何较高程度的理性"[2]，在该条件能做的只是"有限理性"。加勒特·哈丁在 *The Tragedy of the Commons* 研究得出基于理性选择的参与者会偏向于过度消耗公共资源单位，以至于最终造成"公地悲剧"的恶果，曼瑟尔·奥尔森在

---

[1] ［英］亚当·斯密：《国民财富的性质和原因的研究》（上卷），郭大力、王亚南译，商务印书馆1972年版，第14页。

[2] ［美］赫伯特·西蒙：《管理行为》，杨砾、韩春立、徐立译，北京经济学院出版社1988年版，第77页。

《集体行动的逻辑》中提出集体中个人做出的所谓"理性行为"往往会造成对集体不利甚至有害的后果,个人理性造就集体的非理性。"公地悲剧"与"集体行动的非理性"恰恰说明了行为人在做出行为决策时只是考虑到当前的成本收益,而从整体和长远计算,做出的选择是"有限理性"的行为。

可见,"有限理性"一定程度上矫正了"完全理性"的完美假设,指出行为人由于客观条件(信息不完全、知识、能力等)的局限,行为选择只能做到有限的理性。但是,论证有限理性还有另外一个领域的解释,即行为经济学的引入,该层面分析补缺了"有限理性"主观方面的原因。亚当·斯密在《道德情操论》中也提到,"即使再自私的人也会保留有一些关心他人命运的本性,受这些本性驱使,他可能把别人的幸福当成分内之事,虽然一无所得,但是看到别人幸福能够使自己获得高兴"[1]。亚当·斯密只是在伦理学领域论述了这一点,并没有将其引入理性经济人假设的分析。

(二) 行为经济学下的行为人假设修正

真正把行为经济学纳入行为决策分析并做出突出贡献的学者主要是丹尼尔·卡尼曼(Daniel Kahneman)和理查德·泰勒(Richard H. Thaler),二者也由此分别获得诺贝尔经济学奖。丹尼尔·卡尼曼主要理论成果是与阿莫斯·特沃斯基提出的"前景理论"(Prospect Theory),他认为基于理性选择的传统期望效用理论在风险决策中并不是一个充分的描述性模型,前景理论可以作为其替代模型。人们在风险决策过程中由于受到心理因素的影响会做出不太理性的决策,比如会出现"损失厌恶",即人们通常对损失的敏感程度高于收益。前景理论将行为人决策选择过程简化为"前期编辑阶段"和"后期评价阶段"。编辑阶段中,行为人对收益或损失的界定主要依靠"参照点",并且参照点的位置受到给定前景的表达和决策者期望的影

---

[1] [英] 亚当·斯密:《道德情操论》,蒋自强、钦北愚、朱钟棣、沈凯璋译,商务印书馆2002年版,第5页。

响，比如"一个给定温度的物体可能经历接触判断为热或者冷，这主要依赖于一个人已经适应的温度"。在后期评价阶段，行为人主要通过"价值函数"来做出决策选择（见图 3-1），强调"价值的载体是财富或者福利的变化，而不是最终的状态"，认为财富变化的价值函数在参照点以上是凹的［当 $\chi>0$ 时，$V''(\chi)<0$］，在参照点以下通常是凸的［当 $\chi<0$ 时，$V''(\chi)>0$］，即是收益和损失的边际值通常随着他们的增大而减少。比如"100 磅的收益和 200 磅的收益之间的价值差异比 1100 磅和 1200 磅的收益之间的价值差异显得大"[①]。

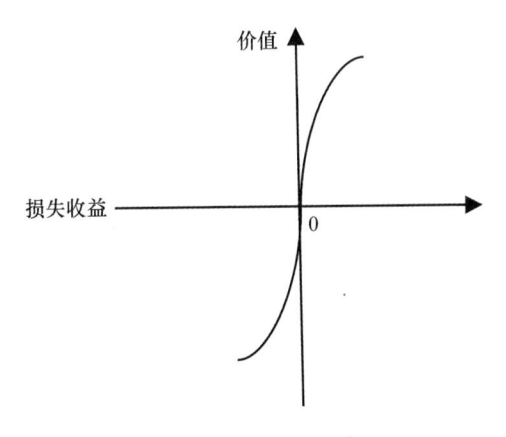

图 3-1 价值函数模型

理查德·泰勒通过实验研究发现，"与完全理性的经济人相比，我们人类有很多非理性的行为，所以利用经济学模型做出的很多预测都不准确"[②]，并且提出"禀赋效应"（endowment effect）和"心理账户"（mental accounting）。"禀赋效应"是行为人决策的一种心理现象，认为"你拥有的东西属于你的一部分禀赋，与你即将拥有

[①] ［美］Daniel Kahneman & Amos Tversky：《前景理论：风险决策分析》，胡宗伟译，《经济资料译丛》2008 年第 1 期。

[②] ［美］理查德·泰勒：《"错误"的行为》，王晋译，中信出版社 2016 年版，第 5 页。

的那些东西相比，你更看重自己已经拥有的东西"①，可以理解为人们对所拥有物品的价值评价要高于物品本身的价值，因此在禀赋效应的影响下行为人做出的决策往往是会偏离理性。"心理账户"是行为人在决策中的效用衡量，主要包括"获得效用（acquisition utility）和交易效用（transaction utility）"。获得效用类似消费者剩余，即以物品所带来的效用减去所放弃的机会成本之差。交易效用指的是实际支付的价钱与参考价格之差，而参考价格是消费者的期望价格②。理性经济人的行为假设主要参照"获得效用"，而忽视了"交易效用"，而事实上在行为人决策时除了受"获得效用"影响外，往往受制于"交易效用"，即在心理预期的主观判断上，所做出行为决策的"代价与收益"是不是"划算"的。

（三）公共资源合作治理机制的行为人假设

丹尼尔·卡尼曼和理查德·泰勒从行为经济学角度研究并没有否定"有限理性"经济人假设，相反他们的研究成果从行为人的主观心理特征层面印证了"有限理性"经济人假设成立的原因，这对设定公共资源合作治理机制的两大主体"公共部门和私营部门"的行为假设提供了启示。

具体分析，由于作为组织体系的公共部门和私营部门的运行实质上也是现实中的行为人在决策，所以公共部门和私营部门两大主体的行为基础假设为"有限理性"经济人，并且公共部门与私营部门在行为决策时受"客观有限理性"与"主观有限理性"的双重影响和制约。在"客观有限理性"方面，公共部门与私营部门行为人主要受到信息不完全、知识、能力等客观方面的限制在行为决策中只能做出有限的理性行为；在"主观有限理性"方面，虽然公共部门与私营部门行为人在行为决策时目标导向各有侧重，公共部门的

---

① ［美］理查德·泰勒：《"错误"的行为》，王晋译，中信出版社2016年版，第20页。

② 同上书，第69—70页。

利益导向是最经济的方式实现公共利益,私营部门的利益导向是追求部门利润的最大化,但二者都不可避免地无法摆脱"主观认知心理局限"而做出有限理性的行为决策。

第二节 主体间的"权力边界"

公共资源合作治理表现为公共部门与私营部门在公共资源治理中采取合作的策略行为。公共部门与私营部门属于不同性质的组织体系,厘清二者的权力边界是研究主体间合作行为达成的必要前提。

一 公共部门的"权力边界"

公共部门是公共资源合作治理机制的重要行为主体,在中国行政环境下政府部门是公共部门的典型代表,在公共资源合作治理过程中发挥着不可替代的功能,所以,公共部门的"权力边界"实质上需要探讨的主要是政府部门的"权力边界",而探讨政府部门的权力边界归根结底在于研究当前社会主义市场经济体制下政府规制的限度问题。

从应然与实然两个层面分析,在应然层面,由于市场在公共资源配置中会出现"失灵现象",政府规制作为矫正"市场失灵"而干预市场主体行为的活动而存在。并且,规制领域主要包括"经济性规制、社会性规制与反垄断规制,经济性规制侧重于对信息不对称与自然垄断的治理,社会性规制的关注点在于环境、安全健康的规制,而反垄断规制研究的是反垄断行为,以促进市场公平竞争"[1]。随着世界各国市场经济的不断完善和日益突出的环境、安全与健康问题,政府规制领域的侧重点逐渐由经济性规制转向社会性

---

[1] 黄新华:《政府规制研究:从经济学到政治学和法学》,《福建行政学院学报》2013年第5期。

规制，规制的限度也逐渐由"强势规制"走向"放松规制"。

在实然层面，自1992年党的十四大首次提出的"发挥市场对资源配置的基础性作用"到2013年党的十八届三中全会做出的"处理好政府与市场的关系，使市场在资源配置中起决定作用"的决定，"对于有五千年自然经济的历史、又经历了40年计划经济的中国而言是一场革命"[①]。自20世纪末市场在资源配置中作用发挥的逐渐显著，政府规制的强度逐渐减弱，并走向了"放松规制"。

表3-1 中国行政审批制度改革国务院文件统计

年份	文件名称	取消事项
2002	国务院关于取消第一批行政审批项目的决定（国发〔2002〕24号）	789
2003	国务院关于取消第二批行政审批项目和改变一批行政审批项目管理方式的决定（国发〔2003〕5号）	406
2004	国务院关于第三批取消和调整行政审批项目的决定（国发〔2004〕16号）	385
2007	国务院关于第四批取消和调整行政审批项目的决定（国发〔2007〕33号）	128
2010	国务院关于第五批取消和下放管理层级行政审批项目的决定（国发〔2010〕21号）	113
2012	国务院关于第六批取消和调整行政审批项目的决定（国发〔2012〕52号）	171
2013	国务院关于取消和下放一批行政审批项目等事项的决定（国发〔2013〕19号）	94
	国务院关于取消和下放50项行政审批项目等事项的决定（国发〔2013〕27号）	50
	国务院关于取消76项评比达标表彰评估项目的决定（国发〔2013〕34号）	76
	国务院关于取消和下放一批行政审批项目的决定（国发〔2013〕44号）	82

---

① 李义平：《市场在资源配置中起决定作用是一场革命》，《中国青年报》2013年12月16日第2版。

续表

年份	文件名称	取消事项
2014	国务院关于取消和下放一批行政审批项目的决定（国发〔2014〕5号）	64
	国务院关于取消和调整一批行政审批项目等事项的决定（国发〔2014〕27号）	64
	国务院关于取消和调整一批行政审批项目等事项的决定（国发〔2014〕50号）	144
2015	国务院关于取消和调整一批行政审批项目等事项的决定（国发〔2015〕11号）	171
	国务院关于取消非行政许可审批事项的决定（国发〔2015〕27号）	49
	国务院关于取消一批职业资格许可和认定事项的决定（国发〔2015〕41号）	62
	国务院关于第一批取消62项中央指定地方实施行政审批事项的决定（国发〔2015〕57号）	62
	国务院关于第一批清理89项国务院行政审批中介服务事项的决定（国发〔2015〕58号）	89
2016	国务院关于取消一批职业资格许可和认定事项的决定（国发〔2016〕5号）	61
	国务院关于第二批取消152项中央指定地方实施行政审批事项的决定（国发〔2016〕9号）	152
	国务院关于取消13项国务院部门行政许可事项的决定（国发〔2016〕10号）	13
	国务院关于第二批清理规范192项国务院部门行政审批中介服务的决定（国发〔2016〕11号）	192
	国务院关于取消一批职业资格许可和认定事项的决定（国发〔2016〕35号）	47
	国务院关于取消一批职业资格许可和认定事项的决定（国发〔2016〕68号）	114
2017	国务院关于第三批取消中央指定地方实施行政许可事项的决定（国发〔2017〕7号）	39
	国务院关于第三批清理规范国务院部门行政审批中介服务事项的决定（国发〔2017〕8号）	17
	国务院关于取消一批行政许可事项的决定（国发〔2017〕46号）	52

资料来源：根据中华人民共和国中央人民政府门户网站文件整理绘制。

具体从表3-1统计资料可以看出，自2002年国务院取消第一批789项行政审批项目开始统计，到2017年9月共取消了约3686项行政审批项目，可见，公共部门的"权力边界"正在逐渐压缩。在公共资源合作治理过程中，放松规制后的公共部门权力边界需要在"发挥市场在资源配置中决定作用"的框架下进行设定。因此，公共部门需要定位在"有所为而有所不为"的权力边界，"有所为"主要体现在出于公共利益的公共资源合作治理项目的选择，创造公平竞争的政策环境和对合作过程及结果的监管。"有所不为"主要涉及合作项目中私营部门治理方式的选择、运营等市场机制能发挥作用的部分，公共部门需要做到"不为"。

二 私营部门的"权力边界"

私营部门是公共资源合作治理机制中另一个重要行为主体，其权力的边界主要依附于市场机制作用的发挥，具体在公共资源合作治理项目中私营部门扮演着较为直接的治理角色。约翰·D. 多纳休更是指出："合作治理的定义特征在于共享裁量权，并且归纳出三种共享裁量权，即生产裁量权、收益裁量权与偏好裁量权。"[①]但是，多纳休对合作治理的界定是建立在美国三权分立的资本主义政治制度和市场经济体制的基础上，然而，西方的市场经济体制与中国社会主义市场经济体制具有本质的区别，"资本主义市场经济与社会主义市场经济具有完全相反的方式和目标，资本主义市场经济是以满足市场需求作为方式，从而达到增加利润的目标，而社会主义市场经济则是把增加利润作为实现人民各方面基本需求目标的方式"[②]。

所以，在中国特色社会主义市场经济体制背景下，我们需要对合作治理的定义特征进行本土化的修正，公共部门与私营部门并不是完全平等的共享裁量权，而是裁量权的"有限共享"。具体分析，

---

① ［美］约翰·D. 多纳休、理查德·J. 泽克豪泽：《合作：激变时代的合作治理》，徐维译，中国政法大学出版社 2015 年版，第 51—67 页。
② 马拥军：《如何认识中国市场经济的"社会主义"性质?》，《江苏行政学院学报》2016 年第 2 期。

在生产裁量权方面，公共部门寻求与私营部门的合作说明其认识到私营部门能够更有效率地完成公共资源治理任务，而私营部门选择参与到公共资源治理的行为说明，其在与公共部门合作时能够获得利润，因此，私营企业的权力边界在于不损害公共利益的前提下追求自身利润，即是公共部门只限定公共资源治理的合作领域，而如何具体进行生产可以由私营部门基于自身优势自由裁量，私营部门在达成公共资源治理任务的前提下可以自主决定先生产 A 还是先生产 B，使用技术 C 还是技术 D。在收益裁量权方面，公共资源合作治理过程中会创造出一定的价值与收益，由于私营部门在合作治理中付出了相应的成本，所以私营部门必然需要分配一定份额的公共资源治理收益作为成本弥补和利润回报。因此，私营部门在公共资源合作治理收益方面具有有限的裁量权，收益裁量的边界设定在于以不侵害公共利益的实现为底线。在偏好裁量权方面，由于私营部门与公共部门行动目标的不一致，合作治理的最终达成并不是取决于公共部门的"一厢情愿"，而且还取决于私营部门是否选择参与治理。平等性、竞争性和开放性是市场经济体制的典型特征，私营部门作为重要市场主体具有自由竞争的权利和自主选择的地位，所以，在公共资源合作治理项目中，私营部门具有一定的"偏好裁量权"，即它可以根据部门本身的偏好及优势进行衡量，选择是否通过市场竞争参与治理以及具体参与到那些公共资源治理领域之中。

第三节　主体间的"合作博弈"

公共部门与私营部门是不同属性的组织体系，并且二者在公共资源治理中选择合作行为的动机与目标也具有差异性，在公共资源合作治理过程中，公共部门与私营部门之间既有合作也有博弈，实质上是一种"合作博弈"的关系。

一 "合作博弈"理论解析

"博弈论"（Game Theory）是一门发展成熟于西方，最早萌芽于古代中国的理论。著于两千多年前春秋时期的《孙子兵法》中凝结着古人丰富的"博弈智慧"，比如"上兵伐谋，其次伐交，其次伐兵，其下攻城"，对弈中的最高境界在于运用谋略达到"不战而屈人之兵"，现代博弈论经由冯·诺依曼（John von Neumann）、奥斯卡·摩根斯特恩（Oskar Morgenstern）和约翰·纳什（John Nash）的研究贡献逐渐成为运筹学的一门重要学科。

合作博弈（Cooperative Games）是现代博弈论的重要分支，Branzei等指出，"合作博弈理论主要关心的是联盟（即参与者集合），协调他们的行动并且经营他们的收益"①，并且合作博弈"从宏观的角度研究博弈，关注可以用有约束力的承诺来得到的可行的成果，在合作博弈中我们关心的是参与人可行的结果，而不管是否符合理性"②。可见，"有约束力的承诺"在合作博弈中至关重要，如施锡铨所言，"一个有约束力的合作协议成为合作博弈的关键"③。在行为主体构成的"合作联盟"中，合作协议的内在约束力使行为主体不会选择做出背叛联盟的行为，从而保障了合作的执行。同时也是因为，在可选择的行为域中，行为人选择合作所获得的收益至少不会低于单独行动所获得的收益，这相当于"合作策略"成为行为人博弈的"均衡"（equilibrium）解。

因此，合作博弈也被称作"正和博弈"，即是在没有参与方利益受损的情况下，参与合作博弈的双方至少有一方能够获得相应的利益，最终也实现了社会利益的增加。在此情况下，博弈双方行为人

---

① [罗] Rodica Branzei、[德] Dinko Dimitrov、[荷] Stef Tijs：《合作博弈理论模型》，刘小东、刘九强译，科学出版社2011年版，第1页。

② 董保民、王运通、郭桂霞：《合作博弈论：解与成本分摊》，中国市场出版社2008年版，第6页。

③ 施锡铨：《合作博弈引论》，北京大学出版社2012年版，第6页。

都有动机去达成合作,并且会期望合作博弈能最大限度地创造价值,"合作博弈注重于做大蛋糕"①,被做大的"蛋糕"称之为"合作得益",博弈双方利益的获得主要取决于对"合作得益"的分配,而"合作得益"的分配也成为博弈双方行为人达成合作协议的重要条件,所以有约束力的合作协议的建立需要以合作得益的合理分配为基础,这作为一种"可信承诺"使博弈双方行为人相信,只有采取合作行为才能给自身带来最优的收益。

二 公共资源合作治理中的"合作博弈"

公共部门与私营部门是公共资源合作治理中的两个主要行为人,二者在公共资源治理中的合作行为实质上是一种"合作博弈"。根据上文合作博弈的理论解析发现,有约束力的"合作协议"和"合作得益"是合作博弈研究以及达成合作满意成果的核心命题,所以研究公共资源合作治理主体间的合作博弈需要从这两方面出发。

在有约束力的合作协议方面,"合作协议"既是公共部门与私营部门开展公共资源治理合作行动的前提,更重要的是它也规定了二者在合作行动中的"博弈规则",所以,合作协议贯穿公共资源合作治理的始终,合作协议的构成也成为公共部门与私营部门博弈的重要领域。具体分析,公共部门与私营部门围绕合作协议的博弈主要涉及协议的任务划分、责任归属、违约惩治三个层面的规则设置。任务划分层面,围绕公共资源治理项目,更多治理任务的承担意味着行为人需要投入更多治理的成本,治理任务中处理越复杂的部分则需要消耗更多的治理资源,公共部门与私营部门都有动机偏好于更少的任务承担和任务选择中的"避重就轻",正如 Weizsacker 指出的"摘樱桃"问题,"私营者只活跃在获利最丰的市场,这样就将无利可图的市场留给了公共经营者并

---

① 施锡铨:《合作博弈引论》,北京大学出版社 2012 年版,第 6 页。

施加障碍"①。责任归属层面，公共资源的治理效果直接关系到公共利益的实现，行为主体在承担合作治理任务的同时也肩负着相对应的责任，由于组织体系的不同天然属性，公共部门必然承担着公共资源治理服务于社会福祉的公共责任，而私营部门逐利的本性往往会驱使它们偏向于承担合作治理任务的同时规避公共责任。违约惩治层面，违约惩治是避免在公共资源合作行动中出现"背叛行为"，促使合作协议具有约束力的关键保障。违约惩治是公共部门与私营部门共同参与的结果，对二者同样具有约束力，然而约束程度并不一致，这主要取决于违约惩治条款的具体设计，所以最终设计出的对公共部门与私营部门合作行为具有约束力的违约惩治规则是主体间博弈均衡的结果。

在合作得益方面，合作得益的分配是公共资源治理中公共部门与私营部门采取合作行为的原始激励，但是在主体中的表现形式有所不同，合作得益中的公共部门占有部分表现为公共利益的实现，私营部门所占有的部分则属于部门利润的表现。可以把合作得益的值假定为1，公共利益部分由 a（$0<a<1$）表示，部门利润由 b（$0<b<1$）表示，则 $a+b=1$。可见，公共利益与部门利益的分配是此消彼长的关系，公共部门与私营部门都有强烈动机使所得 $a>b$ 或 $b>a$。并且根据前文分析，合作得益不但是行为主体合作行动的结果，而且也是其合作行动的条件。因此，如何分配合作得益，使公共资源合作治理出现以下修正结果：公共利益 a（$0<a<1$），部门利润 b（$0<b<1$），加入一个分配函数 $f(\chi)$，使得 $f(a+b) > f(a) + f(b) > 1$。根据此假设函数得出，公共资源治理中，公共部门与私营部门的合作行动修正了公共利益与部门利润分配的"零和博弈"困境，通过分配函数 $f(\chi)$ 的引入，使得公共部门与私营部门都有合作行动的动机，并且把合作得益这块"蛋糕"做大的激励，

---

① [德]魏伯乐、[美]奥兰·扬、[瑞士]马赛厄斯·芬格：《私有化的局限》，王小卫、周缨译，上海人民出版社2006年版，第362页。

这也就实现了公共部门与私营部门博弈的"激励相容"。

第四节 主体间的"激励相容"

Leonid Hurwicz 在研究机制设计理论中提出,"激励相容"的机制设计在于促使参与人在获取私人利益的同时能够促进集体目标的实现,这正与合作博弈的目标相一致,即在合作行动中参与双方选择合作的收益大于单独行动带来的收益,至少在行动中没有一方的收益受损,并且合作行动在给自身带来收益的同时也促进了集体目标的实现。所以,对"合作得益"的分配机制设计能够促使参与公共资源合作治理的公共部门与私营部门实现激励相容。

一 夏普利值 (Shapley value)

"合作博弈的主要重点在于如何制定合理的分配方案,只有科学合理地进行分配,才能做到人心所向,才能提高大联盟的凝聚力,才能把蛋糕做得更大。"[1] 夏普利值是合作博弈理论中的重要概念,它是由 Lloyd Shapley 提出的用于解决合作得益分配问题的一种有效方式。

具体如下定义,博弈 (N, v) 的夏普利值将大联盟的得益 v(N) 按照以下公式分摊:

$$\varphi_i(v) = \sum s \subseteq N \setminus i \frac{s!(n-s-1)!}{n!}[v(S \cup \{i\}) - v(s)]$$

其中,s 表示联盟 S 中的参与人个数。

根据以上公式,董保民等从概率的角度进行理解夏普利值,假设参与人按照随机顺序形成联盟,每种顺序发生的概率都相等,均为 $1/n!$,参与人 i 在其前面的 ($|S|-1$) 人形成联盟 S,参与人 i

---

[1] 施锡铨:《合作博弈引论》,北京大学出版社 2012 年版,第 1 页。

对该联盟的边际贡献为 v（S）—v（S\﹛i﹜）。由于 S\﹛i﹜与 N\S 的参与人的排序共有（｜S｜-1）!（n-｜S｜）!种，因此，每种排序出现的概率是 $\frac{(|S|-1)!(n-|S|)!}{n!}$，可见，参与人 i 在联盟 S 中的边际贡献的期望的得益就是夏普利值[①]。

通过已有数理化模型分析可以归纳，夏普利值的关键原理在于合作博弈参与人对合作得益获得的期望值与参与人在合作中的贡献率直接挂钩。按照该思路的解释，合作联盟的形成不但能够使参与人获得不少于其单独行动的收益，而且合作目标的实现间接能够促进集体收益的增加。

二 公共资源合作治理中的"激励相容"

承接上文分析，夏普利值作为一种合作得益分配方式的有效解，在一定层面上可以看作是促使合作博弈参与人采取合作行动并且不会相互背叛的激励机制，这对如何实现公共资源合作治理中主体间的"激励相容"具有一定启示。在公共资源合作治理过程中，公共部门和私营部门相当于合作博弈中的行为人，"合作协议"中的"任务划分、责任归属、违约惩治"规则设置只是外在约束和限定了二者的行动框架，真正能够激励公共部门与私营部门精诚合作的内在驱动力是"合作得益"的合理分配。所以，"合作协议"约束力的发挥需要以"合作得益"的合理分配方式作为基础。

结合图3-2，按照夏普利值的解决思路，公共资源合作治理的总收益相当于"合作得益"，公共部门和私营部门对合作治理收益的分配按照各自在合作行动中的贡献率来进行，这相当于把公共部门和私营部门自身的行动直接与其最终的收益挂钩，并且自身行动的投入贡献与收益分配额成正相关。尽管公共部门与私营部门的目标

[①] 董保民、王运通、郭桂霞：《合作博弈论：解与成本分摊》，中国市场出版社 2008 年版，第39页。

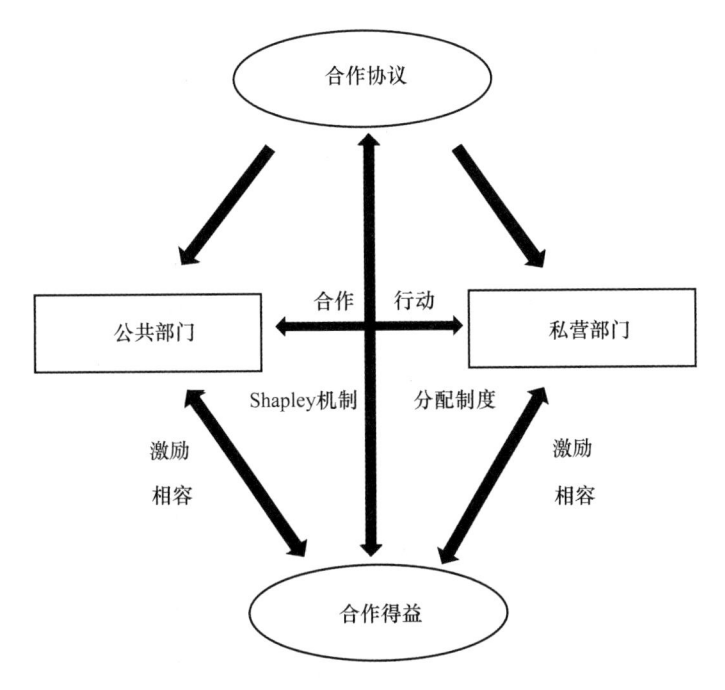

图 3-2 公共资源合作治理主体间"激励相容"模型

导向存在差异性，但是，出于获得更多收益分配比率的激励，二者都有动机在公共资源合作治理中尽可能地发挥部门优势和贡献应用的资源，进而间接地促进了合作治理总收益的增加，把合作得益这块"蛋糕"越做越大，这就有利于最终达成公共部门与私营部门合作行动的"激励相容"。

赫伯特·金迪斯指出，"博弈论是研究世界的一种工具，不过博弈论并非包罗万象，离开渊博的社会理论，博弈论只不过是唬人的技巧，而离开博弈论，社会理论则只是一项残破的事业"[①]。可见，博弈论分析并不是局限于构想世界的复杂数理运算，而是需要结合社会实际以及行为认知科学来解构与预测人类或组织的行为特征。

---

① [美]赫伯特·金迪斯：《理性的边界：博弈论与各门行为科学的统一》，董志强译，上海人民出版社 2011 年版，第 1—3 页。

在公共资源合作治理中，公共部门与私营部门的合作博弈，以及试图通过 Shapley 合作得益分配机制在合作协议中的嵌入，达到主体间合作行为的"激励相容"。其实施效果及实现程度必然受到合作治理主体"有限理性"行为人假设的影响，并且有限理性的范畴既包括主观有限理性也包括客观有限理性。所以，基于合作博弈理论对组织行为做出的分析与预测并不一定完全做到准确无误，但是它的主要价值在于能够为公共资源合作治理行为中的组织行为特征以及行为决策提供相对科学的解释和预测。

第四章

公共资源合作治理机制的工具选择

合作治理工具是公共资源合作治理机制的媒介，如何做出合适的工具选择直接关系到公共资源合作治理机制的实施效果。合作治理工具既有普遍性也有特殊性，工具选择与一国或地区的行政生态与技术条件息息相关。

第一节 工具选择的类别

合作治理是自"新公共管理运动"以来随着在各国政府改革实践与社会技术更新不断建构的理论，合作治理工具作为合作治理实践的载体，也明显带有时代变迁的印记。根据社会技术条件可以把合作治理工具分为：传统时代的合作治理工具和大数据时代的合作治理工具。

一 传统时代的合作治理工具

莱斯特·M. 萨拉蒙把治理工具界定为："能够将集体行动结构

化来解决公共问题的一种可识别方法。"[①] 合作治理工具正是通过把公共部门与私营部门联合起来共同行动,以解决公共资源治理问题的一种结构化方法。以"公共部门与私营部门的合作行动"为特征,国内外学者在有关政府工具为主题的研究中实质上内涵了丰富的合作治理工具。

戴维·奥斯本和特德·盖布勒把治理工具比作"箭袋里的箭",认为除了由政府雇员提供服务的标准做法以外,还有36种选择办法,并且把它们归纳为三类:传统类、创新类、先锋派类(见表4-1)[②]。

表4-1　　　　　　　　　　　箭袋里的箭

传统类	创新类	先锋派类
1. 建立法律规章和制裁手段; 2. 管制或者放松管制; 3. 进行监督和调查; 4. 颁发许可证; 5. 税收政策; 6. 拨款; 7. 补助; 8. 贷款; 9. 贷款担保; 10. 合同承包	11. 特许经营; 12. 公私伙伴关系; 13. 公共部门之间的伙伴关系; 14. 半公半私的公司; 15. 公营企业; 16. 采购; 17. 保险; 18. 奖励; 19. 改变公共投资政策; 20. 技术支持; 21. 信息; 22. 介绍推荐; 23. 志愿服务者; 24. 有价证券; 25. 后果费; 26. 催化非政府行动; 27. 召集非政府领导人开会; 28. 政府施加压力	29. 种子资金; 30. 股权投资; 31. 志愿者协会; 32. 共同生产或自力更生; 33. 回报性安排; 34. 需求管理; 35. 财产的出售、交换与使用; 36. 重新构造市场

资料来源:戴维·奥斯本、特德·盖布勒:《改革政府:企业家精神如何改革着公共部门》,周敦仁等译,上海译文出版社2006年版,第7页。

---

① [美]莱斯特·M. 萨拉蒙:《政府工具:新治理指南》,肖娜等译,北京大学出版社2016年版,第15页。
② [美]戴维·奥斯本、特德·盖布勒:《改革政府:企业家精神如何改革着公共部门》,周敦仁等译,上海译文出版社2006年版,第7页。

达霖·格里姆赛和莫文·K. 刘易斯在研究公共部门与私营部门合作治理中，列举了常见的公私合作治理工具的类型，具体包括建设—运营—移交（BOT）、建设—拥有—运营（BOO）、租赁、合资（JV）、运营或管理合同和合作管理，并且合作管理中包含常见的类型有 BLT（建设—租赁—移交）、BLTM（建设—租赁—移交—维护）、BTO（建设—移交—运营）、BOOR（建设—拥有—运营—拆除）、BOOT（建设—拥有—运营—移交）、LROT（租赁—更新—运营—移交）、DBFO（设计—建设—融资—运营）、DCMF（设计—建造—管理—融资）和 DBFOM（设计—建设—融资—运营—管理）[1]。

此外，E. S. 萨瓦斯提出了政府提供公共物品和公共服务的 10 种制度安排中，除去政府服务、政府出售、政府间协议、自我服务以外，其中有 6 种涉及公私部门之间的合作治理，分别为合同承包、特许经营、补助、凭单制、自由市场、有合同承包的志愿服务[2]。

并且，莱斯特·M. 萨拉蒙把治理工具归纳为直接工具和间接工具两大类（见表 4-2），直接工具主要是公共部门直接治理公共资源所凭借的工具类别，而间接工具则体现了公共部门与私营部门合作治理的工具选择。

表 4-2　　　　　　　政府行动中的治理工具

直接工具	间接工具
直接政府	社会规制
政府企业	（外包）合同
经济规制	贷款担保

---

[1] ［英］达霖·格里姆赛、［澳］莫文·K. 刘易斯：《PPP 革命：公共服务中的政府和社会资本合作》，济邦咨询公司译，中国人民大学出版社 2016 年版，第 9—11 页。

[2] ［美］E. S. 萨瓦斯：《民营化与 PPP 模式：推动政府和社会资本合作》，周志忍等译，中国人民大学出版社 2015 年版，第 100—101 页。

续表

直接工具	间接工具
信息宣传运动	政府拨款
直接贷款	税收支出 收费 保险 侵权法 福利券 政府支持企业

资料来源：莱斯特·M. 萨拉蒙：《政府工具：新治理指南》，肖娜等译，北京大学出版社2016年版，第32页。

国内学者陈振明根据各国政府改革与治理实践把治理工具细化分为市场化工具、工商管理技术工具和社会化手段三大类（见表4-3），并指出"市场化工具、工商管理技术和社会化手段在政府管理中的引入，是21世纪公共管理发展的一个基本趋势"[①]。

表4-3　　　　　　　　治理工具划分

市场化工具	工商管理技术工具	社会化手段
民营化	全面质量管理	社区治理
用者付费	目标管理	个人与家庭
合同外包	绩效管理	志愿者服务
特许经营	战略管理	公私伙伴关系
凭单制	顾客导向	公众参与及听证会
分散决策	标杆管理	
放松管制	流程再造	
产权交易		

资料来源：陈振明：《公共管理学》，中国人民大学出版社2005年版，第509—526页。

---

① 陈振明：《公共管理学》，中国人民大学出版社2005年版，第509—526页。

此外，朱立言和刘兰华把政府治理工具分为实质性治理工具和程序性治理工具，实质性治理工具主要指政府部门通过建立管制机构以"命令—控制"为导向的工具类型；程序性治理工具实质上是网络化治理，其任务是检查行动者价值、目标和观点，协调其不同之处，以促进行动者之间的合作行为[①]。

根据以上国内外学者对治理工具的研究发现，在所归类的各种治理工具中，以规制"公私部门合作行动"为特征的"合作治理工具"在治理工具总量中占据较大的比例，这也印证了公共资源的有效治理无法由公共部门或者私营部门单独行动，能够促进与协调公私部门之间的合作治理工具成为公共资源合作治理实践的必然选择。

归纳已有学者研究可以看出，传统时代合作治理工具具有以下典型特征：第一，间接性。合作治理工具改变了公共部门直接治理公共资源效率低下的窘境，它通过引入私营部门参与到公共资源治理之中，借助私营部门的专业优势间接但更加高效地进行公共资源治理。第二，竞争性。公共资源合作治理私营部门伙伴的选择并不是依靠公共部门行政指定，而是遵循市场运行规律，具有相同功能的私营部门需要通过市场机制的竞争筛选才能获得参与合作治理的资质。第三，制度性。合作治理工具必然是制度化的工具，公共部门与私营部门合作行动的基础是达成有约束力的"合作协议"，它为公共资源合作治理行动提供了活动规则，并且有利于降低了公共部门与私营部门合作行动的不稳定性。第四，开放性。区别于政府直接治理工具的封闭性特点，合作治理工具具有明显的开放性特征，它吸纳了除公共部门以外的其他有条件的市场主体共同参与公共资源合作治理项目，公共部门与私营部门形成的并不是隶属关系，而是基于合作共赢的公私伙伴关系。第五，激励性。合作治理工具旨在促进与协调公共部门与私营部

[①] 朱立言、刘兰华：《网络化治理及其政府治理工具创新》，《江西社会科学》2010年第5期。

门之间的合作行动，由于公共部门与私营部门行为动机与目标具有差异性，合作治理工具设计需要纳入激励机理才能促进二者在公共资源治理中合作行动的达成。

治理工具的产生以及逐渐偏向于合作治理工具的演进趋势是各国政府公共治理改革实践的产物，而同时工具本身也塑造着公共治理模式的变迁。以上探讨的合作治理工具正是从政府公共治理改革实践与公共治理模式变迁这一层面进行的研究，其主要专注的是组织形式与治理形态的改变，而并没有加入社会技术条件的影响，所以称之为传统时代的合作治理工具。

二 大数据时代的合作治理工具

发端于第三次科技革命的电子计算机及其所依附互联网技术，推动了人类社会由工业化时代走向了大数据时代。维克托·迈尔－舍恩伯格和肯尼思·库克耶认为："大数据不但是人们获得新的认知和创造新价值的源泉，而且还是改变市场、组织机构以及政府与公民关系的方法。"① Leyens 等指出："现实中的大数据为决策者程序制定和立法提供指引。"② 徐继华等更是把大数据比喻为"锤子"，"它给了我们一种方式去理解和控制这个世界"③。可见，大数据作为一场技术变革深刻影响了社会各个领域，在公共治理领域大数据技术的应用"为有效处理复杂社会问题提供了新手段和新途径，深刻改变了政府管理理念和社会治理模式"④，合作治理工具作为政府

---

① ［英］维克托·迈尔－舍恩伯格、肯尼思·库克耶：《大数据时代：生活、工作与思维的大变革》，周涛等译，浙江人民出版社 2013 年版，第 9 页。

② Lada Leyens, Matthias Reumann, Nuria Malats, Angela Brand, "Use of Big Data for Drug Development and for Public and Personal Health and Care", *Genetic Epidemiology*, Vol. 41, No. 1, 2016, pp. 51–60.

③ 徐继华、冯启娜、陈贞汝：《智慧政府：大数据治国时代的来临》，中信出版社 2014 年版，第 11 页。

④ 宁家骏：《推进我国大数据战略实施的举措刍议》，《电子政务》2015 年第 9 期。

公共治理的媒介,在大数据技术的洗礼下也得到不断的改进和创新,其中最直接有效的创新成果是基于大数据的公共资源交易平台的建立与应用。

表4-4 中央和地方政府公共资源交易平台建设颁布文件汇编

中央政府	《国务院办公厅关于印发整合建立统一的公共资源交易平台工作方案的通知》(国办发〔2015〕63号)
	《国家发展改革委关于开展公共资源交易平台整合试点工作的通知》(发改法规〔2016〕605号)
	《公共资源交易平台管理暂行办法》(2016年第39号令)
地方政府	《北京市关于印发〈北京市整合建立统一规范的公共资源交易平台实施方案〉的通知》(京政办发〔2016〕9号)
	《上海市人民政府办公厅关于印发〈整合建立本市统一公共资源交易平台实施方案〉的通知》(沪府办发〔2016〕5号)
	《天津市人民政府办公厅关于印发天津市公共资源交易平台服务管理细则(试行)的通知》(津政办发〔2017〕102号)
	《重庆市人民政府办公厅关于印发重庆市整合建立统一的公共资源交易平台实施方案的通知》(渝府办发〔2016〕35号)
	《浙江省人民政府办公厅关于印发浙江省整合建立统一的公共资源交易平台实施方案的通知》(浙政办发〔2016〕16号)
	《江苏省政府办公厅关于印发江苏省整合建立统一的公共资源交易平台实施方案的通知》(苏政办发〔2015〕132号)
	《河北省人民政府办公厅关于印发河北省整合建立统一的公共资源交易平台实施方案的通知》(冀政办发〔2015〕43号)
	《河南省人民政府关于印发河南省公共资源交易平台建设实施方案的通知》(豫政〔2015〕49号)
	《山东省关于印发〈山东省公共资源交易平台管理暂行办法〉〈山东省公共资源交易综合评标评审专家库和专家管理暂行办法〉的通知》(鲁政字〔2016〕218号)
	《山西省人民政府办公厅印发关于整合建立统一规范的公共资源交易平台实施方案的通知》(晋政办发〔2015〕80号)

续表

地方政府	《安徽省人民政府办公厅关于印发整合建立统一的公共资源交易平台实施方案的通知》（皖政办〔2015〕64号）
	《湖北省人民政府办公厅关于印发湖北省整合建立统一的公共资源交易平台实施方案的通知》（鄂政办发〔2016〕3号）
	《湖南省人民政府办公厅关于印发〈整合建立统一的公共资源交易平台工作实施方案〉的通知》（湘政办发〔2015〕95号）
	《陕西省人民政府办公厅关于印发整合建立统一的公共资源交易平台实施方案的通知》（陕政办发〔2016〕12号）
	《甘肃省人民政府办公厅关于印发甘肃省整合建立统一的公共资源交易平台实施方案的通知》（甘政办发〔2015〕168号）
	《青海省贯彻落实国务院办公厅整合建立统一的公共资源交易平台工作方案的实施方案》（青政办〔2015〕201号）
	《江西省人民政府办公厅关于印发江西省整合建立统一规范的公共资源交易平台实施方案的通知》（赣府厅发〔2015〕78号）
	《四川省人民政府办公厅关于印发四川省整合建立统一的公共资源交易平台实施方案的通知》（川办发〔2015〕109号）
	《云南省人民政府办公厅关于印发云南省整合建立统一的公共资源交易平台实施方案和云南省公共资源交易工作联席会议制度的通知》（云政办发〔2015〕107号）
	《贵州省人民政府办公厅关于印发〈贵州省整合公共资源交易平台试点工作方案〉的通知》（黔府办函〔2016〕90号）
	《福建省人民政府办公厅关于印发福建省公共资源交易平台整合实施方案的通知》（闽政办〔2016〕28号）
	《广东省人民政府办公厅关于印发广东省整合建立统一的公共资源交易平台实施方案的通知》（粤府办〔2016〕7号）
	《黑龙江省人民政府办公厅关于印发黑龙江省整合建立统一的公共资源交易平台工作实施方案的通知》（黑政办发〔2016〕24号）
	《辽宁省人民政府办公厅关于印发辽宁省整合建立统一的公共资源交易平台实施方案的通知》（辽政办发〔2015〕115号）
	《吉林省人民政府办公厅关于印发吉林省整合建立统一的公共资源交易平台工作实施方案的通知》（吉政办发〔2015〕58号）

续表

地方政府	《海南省人民政府办公厅关于印发海南省贯彻落实国务院办公厅整合建立统一的公共资源交易平台工作方案任务分工的通知》（琼府办〔2015〕244号）
	《广西壮族自治区人民政府办公厅关于印发2016年全区政务服务和公共资源交易工作要点的通知》（桂政办发〔2016〕29号）
	《内蒙古自治区人民政府办公厅关于印发自治区整合建立统一的公共资源交易平台工作方案的通知》（内政办发〔2015〕121号）
	《宁夏回族自治区人民政府办公厅关于印发推进提升全区公共资源交易平台建设实施方案的通知》（宁政办发〔2016〕35号）
	《新疆维吾尔自治区人民政府关于印发自治区整合建立统一规范的公共资源交易平台实施方案的通知》（新政发〔2016〕54号）
	《西藏自治区人民政府办公厅关于印发西藏自治区整合建立统一的公共资源交易平台工作实施方案的通知》（藏政办发〔2016〕10号）

资料来源：根据中华人民共和国中央政府和各省市自治区政府门户网站文件整理绘制。

根据表4-4可以看出，以2015年8月10日国务院颁布的《国务院办公厅关于印发整合建立统一的公共资源交易平台工作方案的通知》为标志，基于大数据技术的公共资源交易平台建设正式纳入中国政府公共资源治理领域之中，并且在2015—2017年除香港、澳门、台湾以外，自上而下在全国31个省市自治区得到迅速推行。

依托于互联网络与大数据技术支撑，中国各级政府相应建立了专业的公共资源交易官方网络平台并投入运营。在中央政府层面，国家发展和改革委员会国家信息中心主办"全国公共资源交易平台"（http：//www.ggzy.gov.cn/）；在地方政府层面，各省、直辖市、自治区都以地方为单位，由地方政府负责组建了地方性公共资源交易平台，相应地各省、自治区所辖市，直辖市所辖区也建立了公共资源交易平台。可见，自上而下公共资源交易平台的建构如同一张层层环绕的蜘蛛网络把公共资源治理纳入互联网络空间之中。

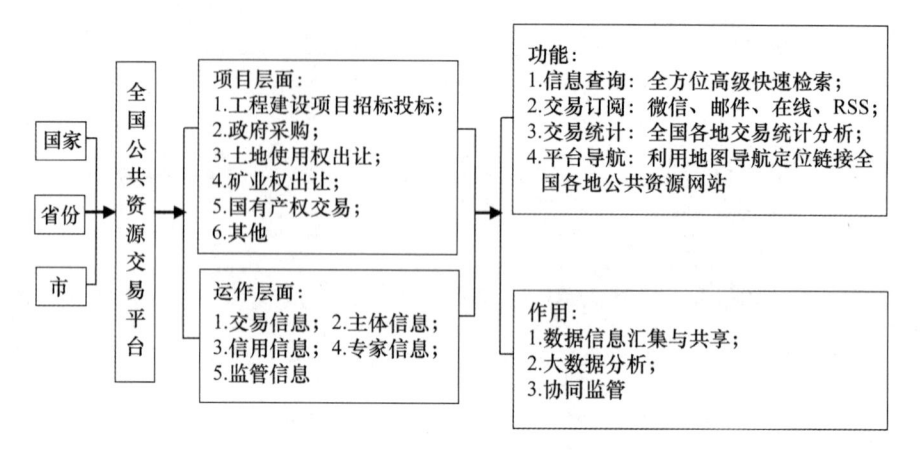

图 4 - 1　大数据时代的合作治理工具

作为大数据时代的新型公共资源合作治理工具，公共资源交易平台充分利用了大数据技术和手段，为公共资源合作治理提供了更加便捷的途径。以"全国公共资源交易平台门户"为例，该平台建设定位于"汇集全国公共资源交易、主体、专家、信用、监管信息，依法依规对公共资源交易信息进行公开，并且为市场主体和社会公众提供形式丰富的信息服务"[①]。根据图 4 - 1 所示，全国公共资源交易平台汇集了国家、省份、市三级，覆盖了全国各地区的公共资源治理数据信息。然后通过数据处理，把信息分为项目层面和运作层面两大类，项目层面主要包括发布具体的公共资源合作项目的需求意向，相当于与私营部门合作的窗口，私营部门能够根据自身偏好直接获得公共资源合作治理项目信息；运作层面主要涉及参与公共资源治理的交易、主体、信用、专家、监管等信息，该层面通过对私营部门的资质、信用记录等信息的记录与公开，有利于与相关监管机构在公共资源合作治理领域开展联合规制。此外，公共资源交易平台为合作治理主体提供了多样化的功能，比如通过全方位的检

---

① 全国公共资源交易门户网站：《平台介绍》，http：//www.ggzy.gov.cn/information/serve/regards.html，2017 年 11 月 9 日。

索功能进行快速查询，链接微信、邮件、在线、RSS 订阅关注偏好，对全国各地公共资源交易进行统计分析，通过地图导航准确定位所在地公共资源平台发布的信息。可见，作为合作治理工具的公共资源交易平台在数据信息汇集与共享、大数据分析、协同监管等方面发挥重要的作用。

第二节　工具选择的影响因素

治理工具的选择受到多种因素的综合影响，比如盖伊·彼得斯提出了影响治理工具选择的五种因素，或称之为"5I 框架"，包括"观念（ideas）、制度（institutions）、利益（interest）、个人（individuals）、国际环境（international environment）"[1]。莱斯特·M.萨拉蒙界定了治理工具选择的四种维度，即"强制性、直接性、自动性与可见性"[2]，E. S. 萨瓦斯提出了十一种标准评价了不同治理工具的安排，即"服务的具体性、生产者的可得性、效率和效益、服务规模、成本收益的关联度、对消费者的回应性、对欺骗行为的免疫力、经济公平、种族公平、对政府指导的回应性、政府规模"[3]。国内学者陈振明和薛澜认为影响治理工具选择主要包括五种因素，即"政府目标、工具特性、工具应用背景、以前的工具选择和意识形态"[4]。丁煌、杨代福强调治理工具选择受到工具本身与工具环境的影响，治理工具本身需要分析的是工具本身的内在特征与绩效，而

---

[1]　［美］莱斯特·M. 萨拉蒙：《政府工具：新治理指南》，肖娜等译，北京大学出版社 2016 年版，第 478 页。

[2]　同上书，第 20—29 页。

[3]　［美］E. S. 萨瓦斯：《民营化与 PPP 模式：推动政府和社会资本合作》，周志忍等译，中国人民大学出版社 2015 年版，第 101 页。

[4]　陈振明、薛澜：《中国公共管理理论研究的重点领域和主题》，《中国社会科学》2007 年第 3 期。

工具环境因素既包括核心环境也包括外部环境[①]。

在合作治理工具逐渐成为当前政府公共治理改革与实践主要方式的背景下，公共资源合作治理过程中，如何选择有效的合作治理工具成为决定公共部门与私营部门合作治理效果的关键。合作治理工具既包括传统时代丰富的合作治理工具，也包括依附于大数据时代新型的合作治理工具，并且二者并不是冲突与替代的关系，而是互为补充、相互依赖的关系。正如以上国内外学者对治理工具选择影响因素的研究，作为治理工具的重要组成部分，在公共资源合作治理过程中合作治理工具的选择同样受到各种因素的影响和制约，结合实践经验和归纳已有研究成果可以分为以下四种主要影响因素：政治决策、治理工具自身功能、合作治理项目与技术条件。

一 政治决策

"工具的选择本质上是政治选择，因为工具选择有利于一些主体去决定政策实施方式，正如执行学派认为的，项目实施阶段的自由裁量权是可观的。"[②]《中华人民共和国宪法》第一条规定，"中华人民共和国是工人阶级领导的、以工农联盟为基础的人民民主专政的社会主义国家"，公共部门作为国家意志的执行代表，具有合法的政治决策权力和维护人民公共利益的责任。区别于西方权力制衡与分立政治决策体制下多元利益集团博弈对政治决策公共性导向削弱的弊端，中国公共部门在政治决策过程中表现出较强的决策能力和决策效率。

在中国特色的政治决策体制下，公共资源合作治理工具的选择主要取决于公共部门的政治决策。公共部门与私营部门的合作行动

---

① 丁煌、杨代福：《政策工具选择的视角、研究途径与模型建构》，《行政论坛》2009年第3期。

② ［美］莱斯特·M. 萨拉蒙：《政府工具：新治理指南》，肖娜等译，北京大学出版社2016年版，第9页。

中，合作治理工具的选择属于锚定的，即在公共资源合作治理过程中公共部门处于主体地位，合作治理决策开始阶段合作治理工具已经由公共部门通过政治决策已经做出决定和选择。私营部门属于合作治理项目的参与方，它的合作治理行动主要集中在已选定的合作治理工具框架下，针对具体的公共资源治理项目如何与公共部门达成合作并有效开展合作行动。所以，公共部门的政策决策偏好在公共资源合作治理行动的工具选择中起着决定性的影响。

二 治理工具自身功能

治理工具作为公共部门开展治理任务的媒介在实践中表现为多种形式，"治理工具包"中的每一种工具都有其特定的功能，并且具有不同功能的治理工具的适用范围也具有一定的局限。在公共资源合作治理实践项目治理过程中，客观上需要选择功能特征与项目相适应的治理工具，以实现合作治理项目与治理工具的平衡，或者说，公共资源合作治理有效性的发挥也主要取决于合作治理项目与治理工具自身功能的匹配程度，所以，治理工具自身的功能成为公共资源合作治理工具选择的主要影响因素。

根据前文所述，公共资源合作治理工具可以分为传统时代合作治理工具和大数据时代合作治理工具。虽然传统时代合作治理工具普遍具有典型的市场性特征，都需要依靠市场机制来发挥作用，然而传统时代合作治理工具所包含的具体类别也是千差万别，比如合同承包、特许经营、凭单制等治理工具的功能发挥都有其固有的侧重点和适用范围。大数据时代合作治理工具的典型特征是基于互联网与大数据技术组建的虚拟网络应用终端，它的应用范围具有广泛性，能够服务于公共资源合作治理过程的各个环节，然而其局限在于数据获得的充分性和大数据技术的应用程度。因此，公共资源合作治理工具的选择必须综合考量治理工具本身的特有功能，以实现治理工具功能与公共资源合作治理项目的契合。

三 合作治理项目

项目是工具的载体,它将工具运用到具体的领域或问题上[①],公共资源合作治理项目的达成是合作治理工具成功运用并得到有效执行的结果。不同的公共资源项目反映了不同的公共治理问题,不同的合作治理工具适用范围存在差异,效用发挥也各有所长,所以,合作治理工具的选择需要与具体公共资源治理项目相匹配,针对不同的合作治理项目,选择合适的合作治理工具是促进公共部门与私营部门采取合作行动的前提保障。

在公共资源合作治理过程中,选择匹配的合作治理工具需要对合作治理项目的属性特征进行分析。根据前文对公共资源的广义分类,即公共资源分为"原生性公共资源"和"衍生性公共资源",二者在同为公共资源范畴的前提下其本身也有不同的属性特征,原生性公共资源主要涉及有关公共利益及社会利益的自然资源层面,衍生性公共资源主要涉及公共部门在履行公共管理职能过程中所提供的公共服务、公共物品及准公共物品层面,比如在涉及原生性公共资源领域自然资源的合作治理项目中公共部门会偏向于选择特许经营工具,而不会选择产权交易工具;在衍生性公共资源领域公共服务供给的合作治理项目中往往选择政府购买或合同外包工具,合作治理工具的选择客观上与公共资源合作治理具体项目紧密相关。

四 技术条件

邓小平在 1988 年全国科学大会上提出,"科学技术是第一生产力",尤其是进入大数据时代,数据信息是基础资源,大数据技术是把数据信息经过处理转化为生产要素的"第一生产力"。大数据开发与分析处理技术的广泛应用深刻改变了人类活动与社会运行的方式,

---

① [美]莱斯特·M.萨拉蒙:《政府工具:新治理指南》,肖娜等译,北京大学出版社 2016 年版,第 16 页。

公共资源合作治理工具也得到了新的拓展，新型合作治理工具公共资源交易平台的选择与应用依赖于完善的互联网络基础设施建设与大数据技术等软硬件条件的支持。

根据《中国电子政务发展报告（2015—2016）》显示，2015年全国初步建成统一的国家电子政务外网，横向上接入118个中央单位和14.4万个地方单位，纵向上基本覆盖了中央到县的各级政府，并且，全国统一的国家数据共享交换平台基本建成，超过100个部门，涉及13个行业领域的跨部门共享交换业务已通过或拟通过国家数据共享平台实现[①]。公共资源交易平台属于电子政务发展的重要组成部分，承接了公共资源治理的功能，平台搭建和数据共享与分析技术直接制约着公共资源合作治理的效用发挥。虽然当前中国公共资源交易"国家—省—市"三级政务平台建设基本搭建成型，但是在大数据整合共享方面"信息孤岛"效应仍然存在，大数据安全、分析与处理技术创新方面也亟待加强，这已成为大数据时代合作治理工具选择与应用的重要影响因素。

第三节　工具选择的价值导向

合作治理工具是公共部门开展公共资源治理活动的媒介，随着社会主义市场经济体制的不断完善和大数据技术的更新升级，合作治理工具更是体现出多样化的特点，在公共资源合作治理项目中工具选择只是手段，而实现治理的价值才是终极目标。

一　公共资源合作治理中的多元价值向度

大数据时代是高度复杂性、不确定性与多元价值并存的时代，

[①] 李季、杜平：《中国电子政务发展报告（2015—2016）》，社会科学文献出版社2016年版，第5页。

公共部门和私营部门作为公共资源合作治理的主要参与者，二者合作行为的产生并不代表它们具有共同的价值追求。公共部门是作为国家意志的执行部门，代表了人民的公共利益和社会的共同福祉，它通过政治决策选择与公共资源项目匹配的合作治理工具达成与私营部门的共同合作，最终导向的是公共价值的实现。

马克·H. 穆尔认为公共价值是集体愿望的反映，"仅仅说公共管理者创造了公共价值是不够的，他们必须能够证明，这些创造的价值超过了人民为此失去的个人消费值和自由度。只有这样才可能说他们真正创造了公共价值"，并且提出项目评估和成本—效益分析是确定公共价值的有效手段，因为"它们不以个体认定的政府政策的价值为标准，而是以集体决策的目标来确定公共价值"[①]。所以，在公共资源合作治理中公共部门的价值向度主要在于创造公共价值，并且还需要确保所创造的公共价值超越个人理性，所实现的是集体愿望。此外公共资源项目评估和成本—效益分析构成了公共部门合作治理工具选择价值向度的衡量标准。

与之相反，私营部门参与公共资源合作治理的价值向度在于对部门利润的追求，合作治理工具连接了私营部门与公共部门在公共资源治理中的合作行动，私营部门参与合作治理并依照合作协议在完成合作治理项目的过程中必然需要投入一定人力、物力、财力、技术等成本，以期在项目终结后获得足够多的"合作得益"来弥补前期投入的成本和获得一定的盈余。私营部门逐利价值向度的衡量标准是基于成本—收益分析，这与公共部门基于成本—效益的公共价值向度追求具有本质的区别。基于成本—效益的公共价值向度考量基础是公共资源治理效果与反映集体愿望的决策目标的相符程度，而基于成本—收益的逐利价值考量基础是反映货币与价格的利润标准。

[①] [美]马克·H. 穆尔：《创造公共价值：政府战略管理》，伍满桂译，商务印书馆 2016 年版，第 50、56 页。

二 合作治理工具选择的价值协调与均衡

公共部门与私营部门截然相反的价值向度易于导致它们在公共资源合作治理项目中合作行为的不稳定和项目执行公共利益目标的偏差，合作治理工具的选择客观上需要协调二者的价值向度，任何一方价值向度的损害都不利于公共资源合作治理项目达到满意的效果。所以，合作治理工具选择的最终价值导向是公共部门与私营部门多元价值向度协调均衡的结果。

从公共部门视角成本—效益标准来衡量，公共资源合作治理工具的选择和执行的最优均衡结果是以投入最小的治理成本达到公共资源合作治理决策议程所设定的公共物品生产或公共服务供给的目标，最终目标的达成才意味着公共价值的实现，至于合作治理工具运用过程中所产生的经济效益只是合作均衡的次优结果；从私营部门视角成本—收益标准来衡量，公共资源合作治理工具的选择和执行的最优均衡结果是本部门最终所获得的合作得益收益分配大于在参与公共资源合作治理中所投入的人力、物力、财力、技术等成本之和，而合作治理行动所实现的公共物品生产与公共服务供给效果是合作均衡的次优结果，可见，合作治理工具选择的最终价值导向是公共部门与私营部门合作期望分析中的最优选择与次优选择之间的均衡。

根据前文对公共资源合作治理主体间的合作博弈分析，公共部门与私营部门合作期望最优选择与次优选择之间均衡的实现是公共资源合作主体行动"激励相容"的结果。所以首先需要确定的是公共资源合作治理工具选择价值导向的最终归属必然是实现公共物品和公共服务的有效生产与供给，该价值导向是公共部门价值向度的最优选择，而对私营部门来说是合作目标的次优选择，为促成公共资源治理中私营部门的合作行动，通过对合作得益 Shapley 分配机制的设计消解了私营部门合作行动最优选择与次优选择的矛盾，实现了合作治理工具选择与执行中公共部门与私营部门的激励相容，在此情况下，实现公共物品和公共服务有效生产和供给的公共价值成为合作治理工具选择的共同最优选择。

第四节　工具选择的优化组合

如莱斯特·M. 萨拉蒙所言，治理工具"几乎从不以单独的形式出现，相反它们是以集群的形式出现在具体的项目中"①。不同类型的合作治理工具具有不同的内在属性，它们之间既有区别也有联系，公共资源合作治理项目的执行需要多种合作治理工具的优化组合。

一　合作治理工具的内在属性

根据前文划分，公共资源合作治理工具可以概括为传统时代的合作治理工具和大数据时代的合作治理工具。传统时代的合作治理工具并没有加入技术条件的考虑，而主要在公共部门公共治理改革与实践演进背景下塑造的治理工具类型，所以传统时代合作治理工具的内在属性与公共治理改革实践紧密相关。中国社会主义市场经济体制的不断发展与完善，尤其是自党的十八届三中全会提出"发挥市场在资源配置中的决定性作用"以来，市场化属性成为公共资源合作治理工具的典型内在属性，在公共资源治理领域公共部门由以往直接生产公共物品和提供公共服务的治理方式，转变为依靠市场化的合作治理工具把私营部门纳入公共资源治理领域之中，通过与私营部门开展合作、优势互补，进而达到更加优化的公共资源治理效果。

公共资源交易平台是大数据时代以互联网发展与大数据技术为基础支撑的合作治理工具创新型成果，作为大数据时代下的合作治

---

① ［美］莱斯特·M. 萨拉蒙：《政府工具：新治理指南》，肖娜等译，北京大学出版社 2016 年版，第 17 页。

理工具在技术层面更加突出了简化性和分析性的内在属性。在简化性方面，公共资源交易平台整合了国家、省、市三级的数据平台，并且数据类型不但包括公共资源项目层面的数据信息，而且包括交易、主体、信用、专家、监管等运作层面的数据信息，这就极大简化了合作项目达成的程序，为公共部门与私营部门的合作行动搭建了更加高效便捷的渠道，进而降低了公共资源合作治理中的交易成本。在分析性方面，公共资源交易平台另一重要功能就是依附于大数据技术的数据分析与统计，公共资源交易平台汇集了公共资源治理各个层面的数据信息，公共部门可以利用公共资源交易平台的数据分析结果，统筹和监测公共资源合作治理的项目设置和实施效果，私营部门则可以利用公共资源交易平台的大数据分析结果选择与自身偏好相匹配的合作治理项目。

二 合作治理工具的耦合关系

传统时代与大数据时代的合作治理工具内在属性的不同决定了二者之间的区别，传统时代的合作治理工具主要关注点在于以市场经济体制为基础通过构建各种利益协调机制促成公共部门与私营部门在公共资源合作治理中的合作行动；它体现的是宏观层面公共部门公共治理方式由"管理"到"治理"的转变，在公共资源治理中公共部门的角色由"支配者"变为"组织者"，私营部门的角色也由"被支配者"变为"参与者"。大数据时代的合作治理工具主要关注点在于依托互联网发展与大数据技术简化了公共部门与私营部门在公共资源合作治理中的行为方式。基于大数据技术构建的公共资源交易平台具有开放性和平等性的公益特点，它把公共资源合作治理的程序由实景空间拓展到了网络虚拟空间，并且实时提供全方位的公共资源合作项目查询检索与分析数据，极大地降低了公共部门和私营部门公共资源治理合作行动的交易成本。

虽然内在属性存在差异性，大数据时代的合作治理工具引入了技术条件特征，但是大数据时代的公共资源合作治理工具与传统时代工具并不是相互矛盾的关系，而是相互关联和相互作用的耦合关系。在大数据时代，传统时代的合作治理工具并没有被取代，相反它在大数据时代的公共资源合作治理中更加完善并且成为公共资源合作治理工具的主流选择，它为公共部门和私营部门的合作行动提供了关键性的行为框架，而公共资源交易平台正是基于大数据技术条件而发展的合作治理工具创新性成果，它改变了公共部门与私营部门在公共资源合作治理中的行为模式。可见，传统时代的合作治理工具在宏观层面上限定了公共部门与私营部门的行为框架，大数据时代的合作治理工具则在微观层面上进一步塑造了合作主体在公共资源合作治理行动中的行为模式，二者形成了相互关联、功能互补的耦合关系。

三　合作治理工具的优化组合

传统时代与大数据时代合作治理工具的耦合关系决定了当前公共资源合作治理客观上需要发挥两类合作治理工具的综合优势，在公共资源合作治理项目中实现二者的优化组合。大数据时代下公共资源交易平台已经成为公共资源合作治理过程中不可或缺的工具，传统时代的公共资源合作治理工具作用也在公共资源交易平台中得到了更加充分的发挥。二者的优化组合具体包括三个层面，即应用层面的优化组合、技术层面的优化组合和功能层面的优化组合。

（一）应用层面的优化组合

以全国公共资源交易平台为例，通过该平台公共资源交易信息查询，仅2017年10月17日至11月17日全国汇集到公共资源交易平台的公共资源合作治理项目公告达到289315项，并且该月达成的公共资源合作治理项目多达1364458项，通过对具体的公共资源合作治理项目进行分析发现，官方公告中的合作治理项目主要涉及工程建设、政府采购、土地使用权、矿业权、国有产权以及公共服务供给六个方面，具体应用的合作治理工具主要包括合同外包、产权交易、政府购买与特许经营四种市场化工具[①]。

(二) 技术层面的优化组合

公共资源交易平台依托大数据技术为传统时代的合作治理工具提供可视化的数据分析，比如通过表 4-1 可以直观地看到 2017 年全国的公共资源交易量和具体包含的公共资源项目类别以及类别所占百分比，此外，该平台也可以根据现实中的公共资源合作治理数据信息实时生成动态走势图，可以清晰地观测全国各类公共资源合作治理项目的发展趋势，这就为公共部门在合作治理工具选择决策上提供了科学的数据支撑，并且把大数据技术运用到合作治理工具的执行过程中，从而弥补了传统合作治理工具对操作技术条件的忽视。

表 4-1　　2017 年全国公共资源交易量统计（截至 2017 年 11 月）

业务类型	交易量（宗）	占比（％）
工程建设	182885	5.83
政府采购	229267	7.30
土地使用权	16122	0.51
矿业权	252	0.01
国有产权	11288	0.36
其他	2699167	85.99
累计	3138981	100

(三) 功能层面的优化组合

公共部门与私营部门在公共资源治理中合作行动的有效开展离不开对合作主体进行全方位的监督。传统时代的合作治理工具下，一方面，公共部门与私营部门的合作表现为典型的"委托—代理"关系，由于信息不对称，公共部门很难对作为代理人的私营部门开

[①] 全国公共资源交易平台官网，http://deal.ggzy.gov.cn/ds/deal/dealList.jsp, 2017 年 10 月 18 日。

展有效监管，从而无法保证私营部门在合作治理项目中能够不偏离公共利益目标。另一方面，公共部门监管程序与监管信息的封闭性也为公共资源合作项目的"寻租行为"和"暗箱操作"提供了可能。而公共资源交易平台作为大数据时代的合作治理工具的创新成果，弥补了公共资源合作治理项目监管中的缺陷。

公共资源交易平台通过对私营部门在合作治理中诚信信息的统计，把有违规与不诚信行为的私营部门列入黑名单，高效完成合作治理项目标的私营部门列入奖励名单，相当于建立了"信誉机制"，从而对私营部门合作治理行为形成了无形的监督，"黑名单"意味着合作项目的锐减，而"奖励名单"则有利于私营部门获得与公共部门更多的合作机会。此外，公共资源交易平台对公共部门自身也起到有效的监督效果，公共资源交易平台统计且公开了全国各省市自治区公共资源交易的信息并且进行实时更新，社会公众可以随时查询当天的公共资源交易公告以及后续的成交信息，这就把公共资源合作治理项目放置在公开透明的阳光下，从而压缩了寻租腐败与暗箱操作的空间。

第五章

公共资源合作治理机制的制度安排

主体关系与工具选择构成了公共资源合作治理机制的前提和媒介，而如何规制公共部门与私营部门在公共资源合作治理项目中凭借匹配的合作治理工具媒介开展合作博弈，以实现公共价值这一终极目标，客观上需要一系列制度安排作为支撑和保障，这也成为公共资源合作治理机制建构的重心。

马克思把制度界定为："具有规定和管理一切特殊物的、带有普遍意义的'特殊物'。"[1] 戴维·L.韦默认为制度可以解释为"重复博弈的均衡"，把制度安排视作"创建相对稳定的规则和激励集合"[2]。青木昌彦把制度界定为"人们持有'世界是以这种方式运转'的共有信念，共同遵守的社会博弈准则"[3]。诺斯更是把制度定义为包含正式或者非正式的博弈规则；此外，习近平指出"法规制

---

[1] [德]马克思、[德]恩格斯、[苏]列宁、[苏]斯大林：《马克思恩格斯列宁斯大林论政治和政治制度》（上），档案出版社1988年版，第15页。

[2] [美]戴维·L.韦默：《制度设计》，费方域、朱宝钦译，上海财经大学出版社2004年版，第7、11页。

[3] [日]青木昌彦：《制度经济学入门》，彭金辉、雷艳红译，中信出版社2017年版，第64页。

度的生命力在于执行"①。可见,制度本质上是一种规则,完整的制度安排组合不但包括正式制度、非正式制度,还需要执行制度作为保障。因此,公共资源合作治理机制的制度安排主要围绕正式制度、非正式制度与执行制度开展论证。

第一节 公共资源合作治理机制的正式制度

制度经济学强调了制度对于社会秩序与各类社会活动的重要性,柯武刚、史漫飞指出:"制度是一套系统性和非随机性的关于行为或者事件的模式,它的主要功能在于增进秩序,正式制度被明确制定在法规条例中,它属于外生制度,具有强制性的特点,需要依靠政府等权威机构执行。"② 公共资源合作治理机制的正式制度安排既要契合公共部门与私营部门合作博弈的主体关系,又要符合合作治理工具的选择与应用的客观要求。据此,可以把公共资源合作治理机制的正式制度安排分为公共资源产权制度、合作得益分配制度、利益冲突协调制度、过程监督激励制度四类。

一 公共资源产权制度

产权(property rights),作为财产权(财产所有权)或财产权利的简称,是经济学和法学领域通用的术语,在经济学领域,《现代产权经济学》把产权界定为:"产权主体对客体拥有的不同权能和责任,以及由它们形成的利益关系,产权主要包括归属权、占有权、支配权和使用权。"③ 在法学领域,《牛津法律大辞典》认为产权

---

① 习近平:《法规制度的生命力在于执行》,中国青年网,http://news.youth.cn/jsxw/201506/t20150627_6797252.htm,2015 年 6 月 27 日。
② [德] 柯武刚、史漫飞:《制度经济学与公共政策》,韩朝华译,商务印书馆 2003 年版,第 33—37 页。
③ 李明义、段胜辉:《现代产权经济学》,知识产权出版社 2008 年版,第 31 页。

"指存在于任何客体之中或之上的完全的权利，包括占有权、使用权、出借权、转让权、用尽权、消费权和其他与财产有关的权利"①。

产权的概念往往与交易成本相关联，巴泽尔"把交易成本定义为转让、获取和保护产权有关的成本"②。现代产权理论的奠基者罗纳德·科斯在《企业的性质》《社会成本问题》中提出了产权制度在解决"外部性"问题中的重要作用，认为在产权明确，交易成本为零的前提下，无论开始将产权赋予谁都能够实现资源配置的帕累托最优；交易成本大于零的情况下，产权制度的不同会导致不同的资源配置效率，因此产权制度是公共资源合作治理机制构建的基础。

当前中国在顶层设计层面对产权保护做出了明确的法律规定，例如《中华人民共和国宪法》第十三条规定："公民的合法的私有财产不受侵犯。国家依照法律规定保护公民的私有财产权和继承权。"《中华人民共和国物权法》第三十九条规定："所有权人对自己的不动产或者动产，依法享有占有、使用、收益和处分的权利。"另外《中华人民共和国民法通则》规定："公民的合法财产受法律保护，禁止任何组织或者个人侵占、哄抢、破坏或者非法查封、扣押、冻结、没收。"可见已制定的法律法规主要是针对公民私有产权的保护，而并没有对公共资源产权制度做出明文的法律规定，在公共资源治理中仅仅涉及的是国有资产转让和管理的法规，如《中华人民共和国企业国有资产法》和《金融企业国有资产转让管理办法》。党的十九大报告中指出"经济体制改革必须以完善产权制度和要素市场化配置为重点，实现产权有效激励、要素自由流动、价格反应灵活、竞争公平有序、企业优胜劣汰"。因此确立公共资源产权制度是公共资源合作治理实践的当务之急。

---

① [英]戴维·M. 沃克：《牛津法律大辞典》，北京社会与科技发展研究所译，光明日报出版社1988年版，第729页。

② [美]Y. 巴泽尔：《产权的经济分析》，费方域、段毅才译，上海三联书店1997年版，第3页。

根据上文界定可以把公共资源产权主要内容归纳为所有权、占有权、使用权、经营权和转让权，公共资源产权制度的安排主要从以上五个方面出发。在所有权方面，需要在法律法规顶层设计中明确规定公共资源所有权的归属，突出公共资源实质上为全民所有，由国家代为管理的公共性属性。在占有权方面，占有权区别于所有权，所有权只是确立了公共资源的产权归属问题，而占有权则是体现了对公共资源事实上的控制状态，占有并不代表所有，公共资源产权制度安排需要对公共部门与私营部门公共资源占有的形式，以及在占有之中的权力义务关系做出法律法规上的界定。在使用权方面，使用权体现了规定物的法定处置者，公共资源的使用权主要涉及公共部门与私营部门，基于二者的合作博弈关系做出使用权的规定，并且使用公共资源最终落脚点在于实现公共价值。

经营权和转让权是在所有权、占有权、使用权明晰的条件下公共资源治理的不同方式，公共资源合作治理过程中私营部门参与的合法性和规范性依赖于产权制度安排中对经营权和转让权的具体设计，设计思路在于充分发挥市场机制与政府规制的互补性作用，由"静态的所有权控制向动态的用益物权等各类'他物权'的产权形式转变，这既保留了所有权的控制力，又提高了资源配置效率"[①]。

二 合作得益分配制度

在前文公共资源合作治理主体关系中论证了公共部门与私营部门的合作博弈关系，公共资源合作治理项目中公共部门与私营部门采取有效合作行动的关键在于制定有约束力的"合作协议"，而合作协议的约束性取决于对"合作得益"的分配，所以，设计完善的合作得益分配制度是公共资源合作治理机制正式制度安排的重要组成部分。

合作博弈中的有效解"Shapley value"（夏普利值）为公共资源

---

① 刘尚希：《公共产权制度变革核心》，《人民论坛》2013年第30期。

合作治理中合作得益分配制度的安排提供了设计思路，Shapley value 的核心要义在于分配所得与合作行动中自身的贡献成正比，这构成了公共部门和私营部门合作行动的"激励相容"，因此，公共资源合作得益的分配制度安排主要围绕两个方面开展，即合作得益范畴界定和划分规则。

合作得益范畴的界定是公共资源合作得益分配制度安排的前提，规范公共资源合作治理中产生的合作得益范畴有利于防止公共资源价值的流失。根据第三章"主体关系"研究中所述，合作得益是公共资源合作治理最终所得总收益减去合作双方在合作行动中所投入的人力、物力、财力、智力等总投入的结余。公共部门与私营部门的组织目标具有差异性，公共部门主导公共资源合作治理的最终价值在于实现公共利益与公共价值，而私营部门参与合作治理的根本动机在于谋取部门利润，因此，合作得益的范畴不仅包括反映为货币形式的利润收入，还包括表现为服务于公共价值的公共物品与公共服务的产出。

利润收入、公共物品与公共服务产出构成了合作得益的范畴，制定有效的合作得益划分规则成为合作得益分配制度设计的重心。承接前文研究结论，引用"Shapley value"（夏普利值）的设计思路，合作得益划分规则的基础原则是按照在合作行动中的公共部门与私营部门所做贡献来确定合作得益划分比例。具体分析，利润收入比较直观地把合作得益表现为可量化的货币形式，所以在该层面"成本—收益"可以作为确定合作得益利润收入的划分标准，成本 C 是公共部门与私营部门在公共资源合作治理行动中做出的贡献投入，C_1 代表公共部门的贡献投入，C_2 代表私营部门的贡献投入，$C_1 + C_2 = C$；收益 E 是公共资源合作治理利润收入总和，E_1 代表公共部门的利润收入分配额，E_2 代表私营部门的利润收入分配额，$E_1 + E_2 = E$，建立数理公式：$E = f(C) = Ca + d$，$(C > 0, a > 0, d \geq 0)$ 分别带入 C_1 和 C_2，得 $E_1 = f(C_1) = C_1 a + d$，$E_2 = f(C_2) = C_2 a + d$。

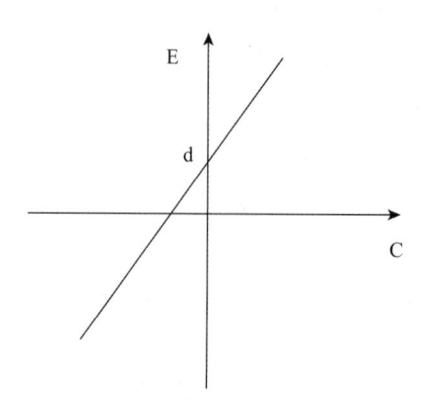

图 5-1 合作得益利润分配函数模型

根据数理公式和函数模型图，a 表示函数 $f(C)$ 的斜率，d 表示误差，即公共资源合作治理行动贡献投入 C 与利润分配 E 成正相关的关系，贡献投入 C 越大，利润分配所得 E 越多。而当前国内外有关公共资源收益的利润分配主要通过由公共部门向参与治理公共资源的私营部门征收公共资源费或者税收的方式进行利润分配，所以，在设计公共资源费或者税收规则时可以根据私营部门在公共资源合作治理行动中的贡献投入以及最终的利润收益进行综合计算以确定分配比例，从而把私营部门的逐利动机与公共价值的实现连接起来，以实现公共资源合作治理行动的"激励相容"。

公共物品与公共服务的产出是合作得益范畴的另外两个重要组成部分，与利润收入相区别，公共物品与公共服务产出无法通过货币形式进行量化，并且公共物品与公共服务的用途具有专用性，即它直接用于公共利益目标，实现的是公共价值。所以，私营部门在该部分的合作得益分配并不是直接的公共物品与公共服务，而且需要通过转化为成本补偿的形式获取。公共物品与公共服务产出的衡量标准为"成本—效益"，成本是私营部门在参与公共物品和公共服务产出所付出的成本总和，效益则是公共物品与公共服务满足于公共资源合作治理目标的程度。因此，在成本补偿规则设计中可以参照"成本—效益"标准，根据公共物品与公共服务产出成本以及公共价值实现程度对私营部门进行成本补偿，以实现具有"激励相容"效果的公共部门与私营部门合作得益分配。

三 利益冲突协调制度

杰克·奈特指出："制度规则的最终形式是相关参与人之间利益冲突的产物，这个最终产物以冲突中的行为人的意图和动机为基础的。"① 公共部门与私营部门作为公共资源合作治理的两大主体，由于不同的组织属性与初始目标的差异，公共部门追求公共利益与私营部门谋求部门利润之间的矛盾，决定了在公共资源合作治理行动中不可避免地会出现利益冲突。所以，建立利益冲突协调制度是公共资源合作治理制度安排的重要内容。

前文分析中把公共资源合作治理看作是公共部门和私营部门合作博弈的过程，利益冲突协调制度的设计首先需要对合作治理主体双方的角色做出合理的定位。通过已有研究梳理发现国内外学者多是把公共部门与私营部门合作行动中的角色定位为"委托—代理"的关系设置，在公共资源合作治理过程中，公共部门作为"委托者"把具体的公共资源合作治理项目委托给"代理人"私营部门进行治理，由于委托者和代理人之间的信息不对称，代理人易于偏离委托者设定的合作目标转而追求和选择符合自身利益的行为方式。

这说明了两点问题：第一，公共资源合作治理项目由公共部门委托提供，公共部门在公共资源合作治理中处于主导地位，私营部门作为代理人选择是否参与和承接公共资源合作治理项目；第二，信息不对称是解决公共部门与私营部门在合作行动中利益冲突的主要障碍。所以，在明确公共部门和私营部门主体角色定位的前提下，规避信息不对称是利益冲突协调制度设计的重要层面。具体需要从以下两方面入手：其一，规范信息公开的程序，针对公共资源合作

---

① [美]杰克·奈特：《制度与社会冲突》，周伟林译，上海人民出版社2009年版，第28页。

治理项目的合作招标、竞标、承接、签约、执行等具体过程制定规范的信息公开程序,并且设立公共资源项目执行审核的"节点",定期对私营部门项目执行效果进行复核。其二,拓展信息公开的渠道,充分发挥政府门户网站与公共资源交易平台的作用,既要求公共部门在合作治理项目委托供给中的信息公开透明,也要把私营部门信用资质、参与承接合作治理和执行效果等信息纳入其中,实现公共部门与私营部门信息沟通的顺畅。

此外,公共资源合作治理委员会制度的设计是利益冲突协调制度安排的关键,由于受到主客观条件的制约,公共资源合作治理项目的运行过程具有高度不确定性和复杂性,信息不对称无法得到根本解决,利益冲突也在所难免,所以,通过设立公共资源合作治理委员会制度,为公共部门与私营部门利益冲突的解决提供常态化的协调平台。具体制度安排中需要明确:第一,委员会成员的构成除了包括公共部门和私营部门主体之外,还需要加入第三方评估主体,例如专业评估机构、高校智库等专业性机构。因为利益冲突的协调,仅依靠冲突双方很难实现公正,公共部门"既当运动员又当裁判员"的现象也不利于做出令私营部门接受的协调结果,所以引入与公共资源合作治理项目无利益关系的第三方评估机构能够从更加专业和公正的角度对合作治理中产生的利益冲突进行有效协调。第二,主体间信息沟通的常态化设置,除了利益冲突产生时公共资源合作治理委员会启动第三方协调议程,而且在合作行动中"委员会"同时也应该作为主体间信息沟通的协商平台而发挥作用。

四 过程监督激励制度

公共资源合作治理行动过程并不是自发的过程,根据协议分工公共部门把公共资源治理项目委托给私营部门后对实现公共价值目标仍然负有天然的责任,所以它需要对公共资源合作治理过程实施有效的监督。在微观层面上基于夏普利值原理设计的合作得益分配制度得以实现的是公共部门与私营部门合作行动的"激励相容";在宏观层面上公共资源合作治理过程监督制度的安排仍然需要以"激励制度"为基础。具体分析，过程监督激励制度的设计主要分为正向激励制度和负向激励制度两个方面。

正向激励制度主要是指通过奖励、鼓励等积极方式引导行为主体发挥主观能动性以达到组织预设目标的制度设计。公共资源合作治理过程的监督目标在于督促私营部门主体在公共资源合作治理的执行效果不偏离公共利益实现和公共价值导向，由于"信息不对称"和"追逐部门利润"的组织属性，私营部门在公共资源合作治理过程中存在偏离公共价值导向的动机。所以，需要根据私营部门在公共资源合作治理行动中的效果给予其一定的物质奖励，即在成本—收益分配比重之外，通过对达到或超额完成既定公共资源合作治理目标的私营部门根据实现程度给予利润上的再次返还，该设计思路使私营部门能够确信在公共资源合作治理行动中高效地达成公共利益和公共价值导向所获得的收益大于在合作行动过程中谋求部门私利的偏离行为所得。

除了物质激励以外，精神激励设计也是正向激励制度安排的重要内容，表现在公共资源合作治理过程监督中的具体设计是私营部门信用等级制度，根据私营部门在以往或者现行公共资源合作治理的执行效果分为不同的信用等级，信用等级是一种无形资产，它对私营部门在未来公共资源合作治理项目中的竞标成功率产生直接的影响。所以，对达成或超额完成既定公共资源合作治理目标的私营部门给予信用等级的提升也有利于降低私营部门合作行动偏离公共利益和公共价值导向的可能性。

与正向激励制度相对应，负向激励制度是过程监督激励制度安排的另一重要层面，负向激励制度主要指通过惩罚、威慑等消极方式促使行为主体发挥主观能动性以达到组织预设目标的制度设计，同样负向激励制度设计思路主要集中在物质激励层面和精神激励层面。

在物质激励层面，负向激励制度安排基于私营部门"逐利性"的组织属性，对私营部门在公共资源合作治理中没有达成既定公共利益目标和偏离公共价值导向的程度给予相应的惩罚，这相当于削减了私营部门在合作得益中的收益分配，从而改变了私营部门在公共资源合作治理中"成本—收益"的比例参数，使私营部门确信违背公共资源合作治理既定目标所受到的惩罚远大于其所谋得的私利。在该层面讲，负向激励制度属于"结果控制"的设计思路，它通过对私营部门公共资源合作治理行动结果达成既定目标程度的衡量做出是否惩罚的决定，客观上能够促使私营部门在合作行动过程中会自觉地规避违背公共利益和公共价值目标的行为。

在精神激励层面，负向激励制度的具体安排同样体现在信用等级制度设计中，私营部门信用等级制度的核心原理是预先设定信用等级制度的不同层次信用等级，然后根据私营部门合作治理行动效果以及历史记录进行评定信用等级，并实行公开排名与动态更新管理。它既包括完成或超过既定公共价值目标的升级鼓励，也包括未达成目标的降级处罚，私营部门偏低的信用等级和排名也意味着将来参与公共资源合作治理项目潜在机会的减少。所以，负向激励制度与正向激励制度相互补充，它们通过积极或消极的方式既对公共资源合作治理的过程起到良好的监督效果，也对私营部门在合作行动中主观能动性的发挥起到了鼓励和威慑的双重激励作用。

第二节　公共资源合作治理机制的非正式制度

柯武刚和史漫飞把非正式制度解释为一种内生性的制度，"它是在社会中通过一种渐进式反馈和调整的演化过程发展而来，体现着过去曾有易于人类的各种解决办法，例如习惯、习俗、伦理规范等方面内容"[①]。并且杰克·奈特强调了非正式制度的重要建构功能，

---

① ［德］柯武刚、史漫飞：《制度经济学：社会秩序与公共政策》，韩朝华译，商务印书馆2003年版，第36页。

认为"非正式制度构成了大量正式制度组织和影响经济及政治生活的基础"①。可见，非正式制度在公共资源合作治理行动中发挥着不可替代的功能，非正式制度虽然没有强制约束力，但是它对公共部门与私营部门行为的约束作用是内在的，更具有自觉性和稳定性。它在公共资源合作治理中具体表现为组织文化、信任关系、合作惯例和隐性契约。

一 组织文化

组织文化是组织日常活动中所反映出的信念、符号、价值观等特有的表现形态，它直接影响着组织的行为方式，并且组织文化在社会改革与实践发展中不断得到塑造和变迁。公共部门与私营部门具有不同的组织性质，这就决定着二者的组织文化也必然存在差异性。然而在公共资源合作治理过程中客观上需要公共部门与私营部门的合作行动，二者在合作治理中形成了一个组织整体，所以在融合了公共部门和私营部门的合作行动组织中，塑造与公共资源合作治理行为相匹配的组织文化是公共资源合作治理机制非正式制度安排的重要内容。

作为国家意志和公共利益的代表和执行者，通过开展有效的公共资源治理为人民提供充足的公共产品和公共服务是当代中国公共部门的根本职责和义务所在。公共部门的组织文化直接影响着公共资源治理的方式，改革开放以前在计划经济体制的影响下形成的是一种"大政府、小社会"式的公共部门治理文化，在该文化的塑造下，公共部门依靠"层级制和权威"直接治理公共资源，私营部门完全被排除在公共资源治理角色的范围之外，并且处于严格地"被改造"和"被规制"的地位。改革开放以来随着社会主义市场经济体制的不断发展和完善，公共部门治理文化逐渐由"大政府、小社

---

① [美]杰克·奈特：《制度与社会冲突》，周伟林译，上海人民出版社2009年版，第1页。

会"向"小政府、大社会"的趋势变迁,公共部门改变了原有公共资源直接治理的模式,开始注重吸纳发挥私营部门在公共资源治理中的功能。追逐部门利润是私营部门发展及行为活动的原始动机,也是私营部门组织文化的最终导向。同时,私营部门组织文化不但引导了私营部门逐利性的追求,而且它也塑造着追逐部门利润的具体行为方式。另外,组织文化对私营部门在公共资源合作治理的合作行动具有一定的约束作用。

公共部门和私营部门的合作行动组织需要整合公共部门与私营部门的组织文化,一方面公共部门在尊重社会主义市场经济运行规律的条件下进一步放松对私营部门市场准入的行政规制,有选择的扩大公共资源合作治理的领域,逐步培育"小政府,大社会"式的公共资源合作治理文化;另一方面,提供便利的合作治理政策环境,积极鼓励和引导私营部门参与公共资源治理的过程。合作行动组织文化的塑造并不像正式制度那样能够起到立竿见影的效果,但是,通过上述公共部门与私营部门在公共资源合作治理实践中的反复尝试与经验积累,最终会形成符合当代中国公共资源合作治理行动实际的组织文化。

二 信任关系

"信任"在《新辞源》中被解释为:"对人深信不疑而赋予某种任务。"[1] 罗素认为:"信任是建立在对另一方意图和行为正向估计基础上不设防的心理状态。"[2] 可见,信任体现的是一种心理预期,即信任双方确信对方在可预见的将来并不会做出损害我方利益的行为。从博弈论角度分析,信任关系反映的核心问题是"可信性"问题,即博弈双方先行方对后行方是否做出对自己有利或者不利行为

---

[1] 康哲茂:《新辞源》,综合出版社 1984 年版,第 46 页。
[2] 徐彬:《地方政府信任弱化、改革阻力与改革成本扩大化》,《社会科学》2011 年第 3 期。

的一种回应,"回应规则分为威胁与许诺,威胁是对不肯与你合作的人进行惩罚,许诺则是对愿意与你合作的人提供回报的方式"[1]。可见,信任关系是建立在行为主体双方可信性许诺与威胁基础之上的良性互动关系,并且信任关系作为一种非正式制度形式,对主体间互动行为起到了内在的约束作用,有利于降低互动过程中的交易成本。

公共部门与私营部门作为公共资源合作治理过程中的主要行为主体,建立良性的信任关系是公共资源合作治理机制非正式制度安排的必然要求。信任关系需要互动双方的共同维系,其建立客观上也需要从可信性许诺和可信性威胁两个层面出发。在可信性许诺层面,具有表现为公共资源合作治理过程中公共部门确信私营部门在公共资源治理合作行动中能够遵守并履行事先达成的合作协议与既定目标,私营部门则相信完成公共资源合作治理任务能够按照执行效果获得超出合作行动投入成本的利润回报。所以,公共部门作为公共资源合作治理行动的"先行方"需要对私营部门在合作行动中公共利益目标与公共价值实现的程度给予"回报"式的许诺,私营部门作为公共资源合作治理行动的"后行方"通过不折不扣地完成公共资源合作治理项目预设目标,以作为对公共部门可信性许诺的回应。

在可信性威胁层面,公共部门在公共资源合作治理中的主导地位决定了公共部门有权力对私营部门在公共资源治理合作行动中偏离公共利益和公共价值目标的行为进行"惩罚性"制裁,比如前文提到的下调收益分配比例和降低信用等级,这起到了一种威慑作用。在此条件下私营部门不得不规范自身在合作行动中的行为以符合既定的公共资源合作治理目标,作为对公共部门可信性威胁的回应。因此,公共部门在公共资源合作治理过程中通过可

---

[1] [美]阿维纳什·K.迪克西特、巴里·J.奈尔伯夫:《策略思维》,王尔山译,中国人民大学出版社2002年版,第104页。

信性许诺与可信性威胁规则的先行预设,为二者良性信任关系的形成奠定了基础。

三 合作惯例

"惯例"在《辞海》中被释义为:"一向的做法、常规或法律上没有明文规定,但过去曾经施行,可以仿照办理的做法。"[1] 戴维·L. 韦默指出:"惯例就是使某个解决方法成为默认解的规则。"[2] 惯例实际上是组织行为中的组织记忆,惯例化的活动成为该组织操作专门知识最重要的方式[3]。所以,公共部门在公共资源治理传统中的惯例行为对公共资源治理方式的选择产生潜移默化的影响,并且公共部门与私营部门在公共资源治理合作行动中的惯例也直接影响着二者在具体公共资源合作治理项目中的互动行为。

由于受到公共资源合作治理过程中客观存在的不确定性和复杂性因素影响,正式制度安排无法涉及双方合作行动的各个方面,在正式制度之外,公共部门与私营部门的合作行为往往依靠合作惯例开展互动,公共资源合作治理惯例的形成是公共部门与私营部门在公共资源治理过程中长期合作互动过程积累与演化的结果。合作惯例本质上是公共资源治理常规选择的一种方式,而从当代中国公共资源治理实践过程考察,公共资源治理的常规方式并不是合作惯例,而是主要依靠公共部门直接治理的方式向人民和社会提供公共物品和公共服务,是一种管制惯例。改革开放以来,随着社会主义市场经济发展和行政体制改革,私营部门在公共资源治理领域日益发挥着重要功能,公共资源治理方式开始由公共部门直接治理的"管制惯例"向由公私部门合作治理的"合作惯例"演化。

---

[1] 辞海编辑委员会:《辞海》,上海辞书出版社 2010 年版,第 638 页。

[2] [美] 戴维·L. 韦默:《制度设计》,费方域、朱宝钦译,上海财经大学出版社 2004 年版,第 135 页。

[3] 唐绍欣:《非正式制度经济学》,山东大学出版社 2010 年版,第 47 页。

哈罗德·约瑟夫·拉斯基把政府制度比喻成一双"鞋子",认为"鞋子尺寸的大小会随着脚的长大而不断增大,直到合适为止。政府在选择鞋子的种类时,事实上只会选择那双最适合未来行程的鞋子"①,同样,合作惯例作为非正式制度在公共资源治理方式演化中的确立也是公共部门在合作治理实践中主动选择的过程。合作惯例不但符合公共资源治理的现实需要,而且有利于降低公共部门与私营部门合作行动达成的交易成本。

四 隐性契约

公共部门与私营部门针对具体公共资源合作治理项目签订的正式的合作协议和最终的合作得益分配规则可以看作是一种显性契约,显性契约具有一定的法律效力,并且对主体双方具有强制约束力。隐性契约与显性契约相对应,是指"客观存在心照不宣的、无须或无法通过特定文字声明来规定和约束的权利义务关系,交易双方不需要依靠外在强制而是通过讨论或社会惯例来约束彼此的行为"②。另外,公共资源合作治理主体的"有限理性"和合作治理过程的不确定性和复杂性,决定了显性契约是一种"不完全契约",所以,隐性契约作为一种非正式制度安排是显性契约的有效补充,对公共资源合作治理主体双方的合作行为具有内在的约束作用。

公共资源治理合作行动中公共部门与私营部门达成的显性契约主要包括任务划分、责任归属、违约惩治、得益分配四个方面,这相当于显性契约在宏观层面设定了公私部门的合作行动框架。然而隐性契约作为显性契约的补充,直接作用于合作行动框架下公私部门微观层面的具体行为。在任务划分方面,显性契约规定了公共资

---

① 王连伟:《政府的"脚"与"鞋子"》,《思客》,http://sike.news.cn/statics/sike/posts/2015/01/218793489.html,2015年1月4日。

② 付晓蓉、周殿昆:《隐性契约中的信用问题分析》,《财贸经济》2006年第10期。

源治理项目所包含的任务在公共部门与私营部门之间如何进行分配与合作，隐性契约限定了公共部门和私营部门需要不折不扣的执行所划分的合作治理任务。在责任归属方面，显性契约规定了公共资源合作治理具体项目的合作委托条款以及私营部门承接合作治理任务所应当负有的合作责任，隐性契约则限定了公共部门对私营部门所代理的合作治理任务仍然负有不可推卸的公共责任。在违约惩治方面，显性契约明确规定了公共部门和私营部门在公共资源治理合作行动中的"违约"行为所受到的各种惩罚条款，隐性契约则引导公共部门与私营部门在超出明文规定惩罚条款规范外的领域自觉遵守合作秩序，不做出违约行为。在得益分配方面，显性契约明文规定了公共部门和私营部门在公共资源合作治理中的合作得益分配方法和份额，隐性契约则限定了公共资源合作得益的最终分配既要实现公共利益和公共价值目标也能够使私营部门获得相应的成本补偿和利润收入。

可见，隐性契约与显性契约在功能方面相辅相成，并且有效弥补了显性契约的"不完备性"缺陷。然而，由于缺乏正式制度的强制力约束，隐性契约面临着机会主义和道德风险的制约，所以，隐性契约功能的有效发挥一方面依赖于公私部门建立良好的信任关系，另一方面需要公共部门在显性契约制定过程中针对私营部门潜在的机会主义和道德风险行为做出强制性的约束。

第三节 公共资源合作治理机制的执行制度

青木昌彦指出："如果一种机制为了达到某种社会目标被设计出来却无法自我实施，那就需要附加一种额外的实施机制。"[①] 杰克·

[①] ［日］青木昌彦：《比较制度分析》，周黎安译，上海远东出版社 2001 年版，第 8 页。

奈特也强调："如果制度成功地构建了我们之间的互动，它们必须有一些机制以确保我们遵守它们。"[①] 同样，正式制度设置作为公共资源合作治理机制建构的重要内容并不会实现自我实施，所以执行制度的设计成为完善公共资源合作治理机制制度安排的必然选择，具体分析，执行制度主要从信息反馈制度、程序规范制度、执行考核制度和责任追究制度四个层面进行设计。

一 信息反馈制度

信息在博弈论中发挥着关键性作用，公共部门与私营部门在公共资源治理中的合作行动实质上是合作博弈的过程，制度安排中正式制度和非正式制度的设计是否能够得到不折不扣的执行也主要取决于公共部门与私营部门的博弈结果，其中信息不对称成为左右合作博弈结果的主要障碍，所以，信息反馈制度的确立是公共资源合作治理机制执行制度安排的首要前提。

信息反馈制度的立足点在于公共部门根据对公共资源合作治理过程中公私部门的合作行动及正式或非正式制度安排执行的阶段性效果所反馈的信息，及时修正和弥补已有制度设计中出现的偏差和漏洞，同时对合作治理过程起到直接的监督效果。信息反馈制度是一个双向的过程，既包括公共部门向私营部门及时公开公共资源合作治理项目及合作制度规则相关的信息，也包含私营部门向公共部门及时反馈合作治理项目的执行现状和存在的问题，公共部门与私营部门之间信息沟通的顺畅为公共资源合作治理机制各种制度安排的有效执行提供了条件。

因此，确立信息反馈制度需要从以下两个方面努力：第一，公共部门在公共资源合作治理协议制定中，需要对公共部门与私营部门之间信息反馈做出明确的规定，把项目执行划分不同的阶段，并

---

① ［美］杰克·奈特：《制度与社会冲突》，周伟林译，上海人民出版社 2009 年版，第 56 页。

且针对阶段特点制定详细的反馈规则，为有效的信息沟通提供强制性的保障。第二，派遣专业的信息收集人员，组建项目信息反馈与处理中心，由于私营部门"自利性"的组织属性，出于部门利益考虑在信息反馈过程中它有隐藏不利信息或者提供虚假信息的行为倾向，所以，私营部门合作治理项目执行与制度实施效果的信息反馈不能单纯依靠私营部门主动提供，而且还需要公共部门派遣专门的信息收集人员通过跟踪项目执行过程、深入私营部门内部获取真实的信息反馈；项目信息反馈与处理中心结合私营部门被动反馈和信息人员主动收集的信息处理可以对公共资源合作治理机制项目执行与制度实施效果做出客观的判断。

二　程序规范制度

公共资源合作治理过程中客观存在的不确定性和复杂性本质上所呈现的是合作行动无序的状态，它增加了制度执行的交易成本，从而制约着公共资源合作治理制度安排的执行效果。程序在合作行动中发挥着由"无序"到"有序"的规范功能，约翰·罗尔斯在《正义论》中指出："在纯粹程序正义中存在一种正确的或公平的程序，这种程序若被人们恰当的遵守，其结果也会是正确的和公平的。"[1] 所以建立明确的程序规范制度是公共资源合作治理机制执行制度安排的重要支撑。

由于非正式制度安排主要表现为意识形态的形式，没有成文的规定可循，并且具有动态性特征，所以程序规范制度设计主要面对的是公共资源合作治理正式制度的安排。从性质上划分，公共资源合作治理机制的正式制度安排属于实体性制度，程序规范制度设计属于程序性制度；实体性制度主要指以确定权利义务关系约束主体行为为主的规则集合，程序性制度主要是以保障权利义务关系履行

---

[1]　[美] 约翰·罗尔斯：《正义论》，何怀宏、何包钢、廖申白译，中国社会科学出版社 2009 年版，第 67 页。

的以程序设置为主的规则集合，程序性制度设置为实体性制度的执行提供了保障。所以，程序规范制度设计的重心在于针对公共资源合作治理项目，把公共资源合作治理机制正式制度安排的执行过程细分为具体的执行程序，执行程序规范了公共部门和私营部门在合作治理项目中的行动流程，进而有利于降低制度执行过程中的交易成本。

三 执行考核制度

执行考核制度的考核对象主要是公私部门公共资源合作治理制度安排的执行状况，信息反馈制度和程序规范制度为公共资源合作治理机制制度安排的有效执行提供了前提条件和规范程序，而执行考核制度更加直接地检验着制度执行的效果，它对制度执行主体具有较强的约束力。因此，执行考核制度的确立是公共资源合作治理制度安排的重要保障。

由于传统的执行考核制度安排一般只注重执行结果的考核，而缺少对准备阶段和过程阶段的重视，从而削弱了考核制度的调试功能，一旦制度执行出现偏差，其造成的是资源的浪费和无可挽回的损失，这就违背了执行考核制度设计的初衷。因此，执行考核制度的设计需要注重过程与结果考核相结合，即从整体上把执行考核制度分为三个阶段，即第一阶段为执行前考核，第二阶段为执行中考核，第三阶段为执行后考核。

三个阶段是逐渐递进的关系，执行前考核的重点是对公共部门制度执行能力与私营部门参与公共资源合作治理项目的资质做出客观的考核与评估，以避免在制度执行过程中出现"心有余而力不足"的困境；执行中考核的重点在于结合程序规范制度中所划分的制度执行程序，以此为节点对公私部门制度执行的过程进行定期考核，以防止制度执行出现"上有政策，下有对策"的偏差；执行后考核则侧重于在最终验收阶段以公共资源合作治理项目目标实现的程度为考核参照标准来判定公共资源合作治理机制制度安排的执行效果。

同时，把制度执行前、执行中、执行后的考核结果直接与公共资源合作治理最终的得益分配相挂钩，从而有利于提升执行考核制度的约束能力。

四 责任追究制度

杰克·奈特指出："要构建社会互动和保证行为人遵守规则，除了通过提供关于其他行为人选择的信息之外，还需要对不遵守规则给予制裁的威胁。"[①] 公共资源合作治理制度执行最终导向的是保障公共资源合作治理公共利益和公共价值目标的实现，而根据前文分析私营部门出于自利性的组织属性，决定着它在合作行动中具有偏离制度执行要求而追求部门利润的动机。所以，确立责任追究制度作为对私营部门偏离制度执行行为的制裁威胁是公共资源合作治理执行制度安排的必要选择。

责任追究制度的落实主要依靠公共部门的强制性权力对私营部门在公共资源合作治理行动中偏离制度安排的行为做出制裁，具体包括行政性制裁和经济性制裁。行政性制裁主要是指公共部门凭借其所法定拥有的行政处罚权力对违反公共资源合作治理制度要求而造成不利后果的私营部门做出取消其运营资质的制裁。经济性制裁与行政性制裁相对应，区别在于制裁方式的不同，经济性制裁是以货币形式的处罚为主要方式，对私营部门在所承接的公共资源合作治理项目中由于执行偏差所造成的公共利益损害行为做出制裁。此外，责任追究制度中两种制裁方式无论是单独使用还是综合实施，制裁威胁的基本标准是对私营部门的责任追究制裁惩罚必须大于其偏离制度安排行为所获得的收益，才能使得其偏离行为不是公共资源合作治理博弈行动中的最优策略选择。

---

① ［美］杰克·奈特：《制度与社会冲突》，周伟林译，上海人民出版社2009年版，第56页。

第四节　公共资源合作治理机制的制度整合

根据上文论述，公共资源合作治理机制的正式制度安排是一种依靠权威机构强制执行的外生性制度，非正式制度安排则是没有明文规定但是却对公私部门合作行为具有潜在约束力的内生性制度，执行制度安排是专门解决制度执行问题而设计的保障性制度。三种类型制度安排共同构成了公共资源合作治理机制的制度安排整体，而如何充分发挥三种制度安排的合力作用，客观上仍需要实现三种制度安排的有效整合，公共资源合作治理机制的制度整合主要包括功能上的整合和结构上的整合。

一　功能上的整合

由于正式制度、非正式制度、执行制度安排本身属性的差异性，决定了三种制度类型在公共资源合作治理机制中发挥着不同的功能。正式制度安排主要通过制定正式的协议来规范公共部门与私营部门在公共资源治理中的合作行为与方式，具有契约性与强制性。一方面它通过对合作主体双方行为的制度性约束，有利于降低公私部门在公共资源合作治理中的交易成本；另一方面强制性的制度规定能够有效地规制私营部门在公共资源合作治理项目执行中的机会主义行为。

非正式制度是由文化、关系、惯例、信念等一系列约定成俗的行为准则的集合，它对公共资源合作治理机制中的公私部门组织行为具有塑造功能。此外，公共资源合作治理涉及不同组织属性主体之间的合作以及合作治理过程的复杂性与动态性特征客观决定了公共资源合作治理的不确定性，而非正式制度是通过内在约束促使公共资源合作治理主体做出的是出于自觉的行为，所以，在应对公共资源合作治理中不确定性因素时非正式制度发挥着不可忽视的功能。

执行制度发挥着制度落实执行监督的作用，它的设计目标在于确保公共资源合作治理机制的制度安排能够得到不折不扣地执行。执行制度功能的发挥主要依靠制度设计中对行为主体信息控制、程序明晰、考核评估和制裁威胁的规则设置，这些规则设计直接作用于公共资源合作治理主体，使公私部门在合作治理执行过程中产生的"负外部性"行为"内部化"，从而增加其偏离合作治理制度安排的成本，以促使公共资源合作治理制度安排得到有效执行。

通过上文对三种类型制度安排的功能剖析可以发现，三者是相互依赖的关系，具有功能上的互补性。正式制度安排对公共资源合作治理主体行为施加的是外在性的强制约束，它构成了公共资源合作治理行动的核心规则架构。但是由于公共资源合作治理主体的有限理性、治理信息的不完全和治理过程中的不确定性决定了正式制度安排从本质上看是一种"不完全契约"，它并不能对公私部门在公共资源治理的合作行动做出全方位的规制，而非正式制度此时正是起到了"补缺"的功能，它能够在正式制度安排所没有涉及或者无法发挥作用的领域，通过对公共资源治理合作行为的塑造直接内化为公私部门合作主体心照不宣的默认规则。执行制度是促使公共资源合作治理机制制度安排有效执行的特殊制度安排，正式制度的安排并不会自发的执行，非正式制度安排虽然能够补缺正式制度功能上的不足，但是由于非正式制度的形成是时间与实践长期积累演化的过程，并且对公共资源合作治理主体的作用是一种缺乏强制力的"软约束"，而执行制度正是以制裁威胁为主要方式的"硬约束"，所以，执行制度成为保障公共资源合作治理机制制度安排有效执行的坚实后盾。

二　结构上的整合

道格拉斯·C.诺思指出："制度在社会中的主要作用是通过建立一个人们相互作用的稳定的结构来减少不确定性。"[①] 所以正式制

---

① [美]道格拉斯·C.诺思：《制度、制度变迁与经济绩效》，刘守英译，上海三联书店1994年版，第7页。

度、非正式制度、执行制度不但需要功能上的整合，而且需要进行结构上的整合，通过对三种制度安排的优化组合形成公共资源合作治理机制的稳定结构。

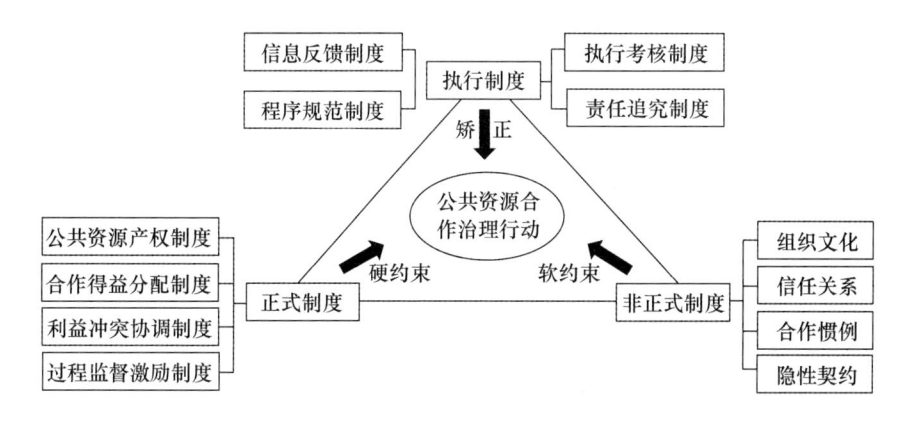

图 5-2　公共资源合作治理机制制度安排结构整合

根据图 5-2 所示，正式制度、非正式制度和执行制度共同构成了公共资源合作治理机制制度安排的整体结构，三种制度安排并不是单独发挥作用，而是在结构上相互依赖，通过结构整体共同作用于公共资源合作治理行动。公共资源产权制度为公共资源合作治理行动提供了前提基础，合作得益分配制度设定了公共部门与私营部门在最终公共资源合作得益分配的最优方式，利益冲突协调制度调和了合作治理过程中产生的利益冲突，过程监督激励制度则激发了公私部门在公共资源合作治理行动中积极性，可见正式制度相当于通过正式的"协议"对公共资源合作治理行动进行"硬约束"。

而非正式制度中组织文化、信任关系、合作惯例、隐性契约是公共资源合作治理长期实践积累演化所形成的心照不宣的行为方式，它对合作治理主体行为是一种"软约束"，从该层面讲，非正式制度对合作治理主体行为的塑造直接制约着正式制度安排执行的效果。执行制度是公共资源合作治理机制制度安排三角架构的另一个重要支撑，信息反馈制度改善了公共资源合作治理过程中信息不对称的程度，程序规范制度细化了正式制度执行的环节，执行考核制度评估了正式制度安排的实施效果，责任追究制度则对公共资源治理合作行动中的偏离行为做出了制裁的威胁，可见执行制度设计相当于正式制度安排的配套制度，矫正了公共资源合作治理行动过程，并且它与正式制度、非正式制度共同组成了公共资源合作治理机制制度安排的整体结构。

第 六 章

公共资源合作治理机制的运行机理

公共资源合作治理过程中的主体关系、工具选择、制度安排构成了公共资源合作治理机制理论意义上的前置架构,而机制如何有效运行成为完善公共资源合作治理机制设计需要进一步探究的重要命题,所以本章节在前置架构铺设的前提下,通过对公共资源合作治理机制运行的条件、环节、方式、平台四个方面的深入剖析来探究机制运行的机理。

第一节 公共资源合作治理机制运行的条件

公共资源合作治理模式是公共部门公共治理改革与实践的产物,在该模式下构建的公共资源合作治理机制能够得到有效运行客观上需要相应的条件支撑。运行条件既要探索外部条件,还需要对自身条件进行分析;外部条件决定着公共资源合作治理机制运行的外部环境,它主要包括政策环境的支持和趋于完善的市场机制,自身条件为公共资源合作治理机制的有效运行提供了内在动力,它具体分为公共部门合作治理的需求和私营部门合作治理的能力。

一 政策环境的支持

公共政策是由公共部门为治理公共事务、实现公共利益,通过政治过程制定的影响一国或地区政治、经济、社会发展的行政法规、命令、条例、规划等形式的集合,并且它直接发挥着政府规制的功能。公共资源合作治理机制的运行正处于由政治政策、经济政策、社会政策等各种政策复杂交织组成的环境网络中,政策环境对公共资源合作治理机制的前置架构(主体关系、工具选择、制度安排)发挥着规制的功能。所以,公共资源合作治理机制的有效运行客观上需要得到政策环境的有力支持。

政策环境的支持主要体现在对公共资源合作治理机制前置架构中的主体关系、工具选择、制度安排的运行过程提供政策上的依据和引导。在主体关系方面,公共资源合作治理机制中的公共部门与私营部门由"严格管制与被管制"的关系上升为"合作伙伴"关系需要的是宽松的公共政策环境,所以在行政审批制度改革政策推行下公共部门的权力边界逐渐收缩,私营部门在公共资源治理领域日益发挥着重要的作用。在工具选择方面,传统时代的合作治理工具选择与运行需要财政政策、金融政策等宏观经济政策以及规制市场失灵的微观经济政策的保障,大数据时代合作治理创新工具(公共资源交易平台)的完善与整合离不开自上而下大数据公共资源交易平台整合政策的强制执行。在制度安排方面,公共资源合作治理机制的正式制度、非正式制度和执行制度安排设定了合作治理主体的行为规则,这些规则功能的发挥客观上需要与政策环境相结合,共同作用于公共资源合作治理机制的运行。

二 趋于完善的市场机制

市场机制是指市场内各构成要素之间相互联系、相互作用的制约关系,它构成了市场制度的核心内容,反映了市场经济运行的基本规律①；市场机制是市场经济的灵魂，它由价格机制、竞争机制、供求机制、消费机制、利率机制等多种实现形式组成②，在资源配置中发挥着重要的功能。公共资源合作治理实质上正是把市场机制引入公共资源治理领域之中，以实现公共部门与私营部门之间的合作。所以，公共资源合作治理机制的有效运行是建立在趋于完善的市场机制基础之上。

改革开放以来，中国经济体制逐渐由计划经济向市场经济体制变革，市场机制在资源配置中的基础性作用已经上升为决定性作用的突出地位，中国特色社会主义市场经济体制得到逐步发展。市场机制在资源配置中具有计划机制无可比拟的效率优势，但是它也拥有无法规避的固有弊端，即出现市场失灵造成资源配置的无效率和浪费，危害公共利益，这也成为公共资源合作治理机制有效运行的主要阻碍。中国特色社会主义市场经济与西方话语中的市场经济体制最大的区别是在市场机制中配套有紧密连接的宏观调控机制，用于规制市场失灵现象以发挥经济调节、市场监管、社会管理与公共服务的功能。所以，中国特色的社会主义市场经济体制的完善既要发挥市场机制在资源配置中的决定性作用，又要发挥宏观调控机制的规制功能，从而为公共资源合作治理机制的有效运行奠定基础条件。

三 公共部门的合作需求

公共资源合作治理是由公共部门和私营部门通过合作行动共同治理公共资源，以满足人民日益增长的公共物品和公共服务需求。公共部门在公共资源合作治理过程中处于主导地位，私营部门参与公共资源治理行动主要集中在合作治理的执行阶段，而具体公共资

---

① 王滨：《市场经济与社会发展——中国特色社会主义理论与实践》，同济大学出版社2010年版，第155页。

② 王毅武：《市场经济学——中国市场经济引论》，清华大学出版社2009年版，第202—206页。

源治理项目是否通过合作治理的模式开展治理行动主要取决于公共部门的决策选择。所以，公共部门在公共资源合作治理过程中的合作需求是公共资源合作治理机制运行的前提条件。

公共资源的有效治理直接关系到国计民生的当代中国政府公共治理改革核心命题，如何通过有效的公共资源治理模式为人民提供高效优质的公共物品和公共服务是公共部门的基本职责。而合作治理模式日益成为当前公共部门在公共资源治理决策的主要选择，这是因为：第一，随着社会经济发展，人民对公共物品与公共服务的需求日益向多样化和个性化发展，而公共部门通过直接治理公共资源所提供的公共物品和公共服务只能满足人民基本的需求，这种矛盾客观上决定了公共部门对合作治理的需求；第二，公共资源治理本身是一项耗费一定人力、物力、财力、智力等资本与技术投入的系统工程，而受制于资本与技术的限制，公共部门很难能够单独高效完成治理任务，这就客观上决定了需要引入社会资本和私营部门的技术优势以弥补公共部门在公共资源治理中的劣势。

四　私营部门的合作能力

公共部门对合作治理的需求为公共资源合作治理机制的运行提供了前提，而最终合作治理机制的有效运行不但取决于公共部门的合作需求，而且还需要私营部门具备参与和承接公共资源治理项目的能力。公共资源治理项目不同于私营企业内部的一般业务，它直接关系到公共物品和公共服务的有效生产和供给，私营部门在合作治理过程中不仅仅扮演"代理人"的角色，而是不可避免地承担着一定的公共责任。所以，公共资源合作治理机制的运行对私营部门的合作能力提出了更高的要求。

1999年中华人民共和国第九届全国人民代表大会第二次会议通过了《中华人民共和国宪法修正案》，其中把第十一条修改为："在法律规定范围内的个体经济、私营经济等非公有制经济，是社会主义市场经济的重要组成部分。"以此为标志，私营经济由原来的"社会主义市场经济的补充"上升为"重要组成部分",私营部门发展开始进入黄金时期。根据中华人民共和国国家工商行政管理总局公布数据,到 2016 年 6 月底,全国实有私营企业数量在内资企业中的占比首次超过 90%[①]。可见私营部门成为国家经济发展的重要动力源,一方面,私营企业为了在"优胜劣汰"的市场竞争中谋求生存,成为技术革新与应用的先导,具有更加专业化、技术化的生产能力;另一方面,在当前中国各级公共部门推广购买公共服务和与社会资本合作的公共资源合作治理模式背景下,私营部门开始把公共资源合作治理项目作为部门业务发展的重要商机,从而不断提升和拓展参与竞争获取公共资源合作治理项目的能力。因此,私营部门的合作能力在政策环境支持、市场经济发展及公共部门合作需求的公共资源合作治理实践中不断得到完善。

第二节 公共资源合作治理机制运行的环节

机制是项目的载体,机制的运行围绕项目展开,公共资源合作治理机制运行的环节主要体现在具体的公共资源合作治理项目之中。结合公共资源合作治理项目的合作流程,可以把公共资源合作治理机制运行的环节概括为四个方面,即准备环节、达成环节、执行环节和终止环节(见图 6-1)。

一 公共资源合作治理机制运行的准备环节

准备环节处于公共资源合作治理机制运行的起始阶段,对公共资源合作治理机制的运行起着至关重要的作用。准备环节的核心任务主要集中在两个方面:一是合作治理项目的确立;二是管理机制

[①] 中国财经:《私企数量占比首超 90%》,《中华工商时报》,http://finance.china.com.cn/roll/20160725/3827145.shtml,2016 年 7 月 25 日。

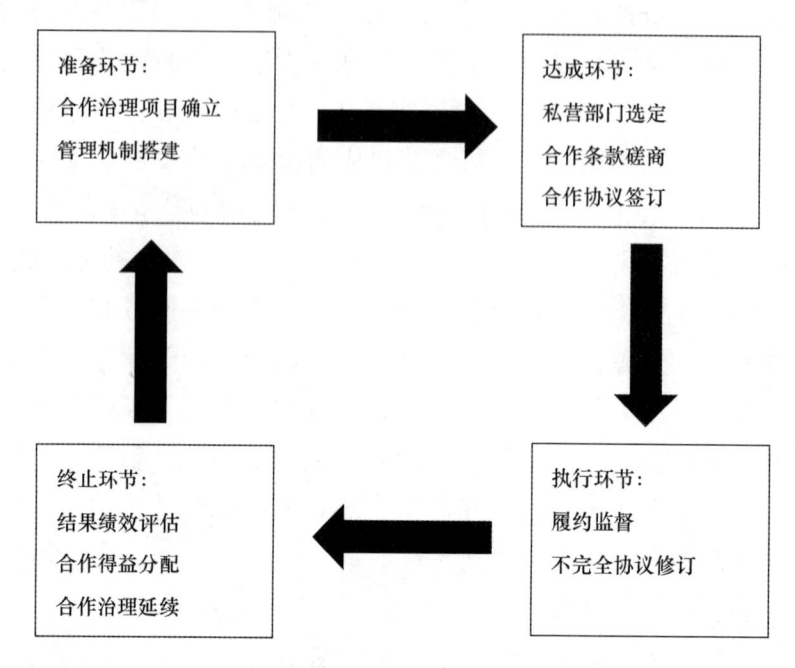

```
┌─────────────────┐         ┌─────────────────┐
│ 准备环节:        │   ──▶   │ 达成环节:        │
│ 合作治理项目确立 │         │ 私营部门选定     │
│ 管理机制搭建     │         │ 合作条款磋商     │
│                 │         │ 合作协议签订     │
└─────────────────┘         └─────────────────┘
         ▲                           │
         │                           ▼
┌─────────────────┐         ┌─────────────────┐
│ 终止环节:        │         │ 执行环节:        │
│ 结果绩效评估     │   ◀──   │ 履约监督         │
│ 合作得益分配     │         │ 不完全协议修订   │
│ 合作治理延续     │         │                 │
└─────────────────┘         └─────────────────┘
```

图 6-1　公共资源合作治理机制运行环节路径

的搭建。

　　具体分析，第一，合作治理项目的确立。公共资源治理方式可以概括为公共部门直接治理和合作治理两种方式，在当前政策环境支持、市场经济日趋完善、公共部门合作需求和私营部门合作能力不断提升的条件下，公共资源治理偏向于寻求合作治理模式。而从合作治理需求到合作治理项目的确立，公共部门首先需要根据公共资源属性判断在涉及国家安全、社会稳定等领域的公共资源只能由公共部门直接治理；其次，要对符合合作治理条件的公共资源具体项目进行预评估，预评估的标准是在达到同等治理效果的情况下，该公共资源项目通过合作治理模式比直接治理模式所耗费的成本更小，只有通过预评估的公共资源治理项目才能够进入公共资源合作治理机制运行的下一个环节。

　　第二，管理机制的搭建。公共资源治理模式由直接治理转变为合作治理模式也意味着公共部门的组织职能也相应发生改变，在合作治理模式中公共部门的职能重心由通过公共资源直接治理提供公共物品和公共服务变为注重对合作治理项目确定和合作治理过程的监管，所以公共部门需要搭建专门的公共资源管理机制负责公共资源项目的评估、审核、工具选择与监管。公共资源管理机制搭建的功能是服务于公共资源合作治理项目的开展，根据前文在"主体关系权力边界"中的论述，公共部门在合作治理中权力的边界限定在"公共资源合作治理项目的选择，创造公平竞争的政策环境和对合作过程及结果的监管"，因此，所搭建的公共资源管理机制需要拟定公共资源合作治理项目的具体实施方案，实施方案要求对参与合作治理私营部门的资质、具体项目实施中的合作治理工具选择，公私部门合作治理中的权利与义务的划分以及实施监管方式等内容做出明确的规定。

二　公共资源合作治理机制运行的达成环节

达成环节是公共资源合作治理机制运行的关键环节，在该环节中公共资源合作治理机制的运行主要围绕公共部门和私营部门通过合作博弈如何达成公共资源合作治理项目有约束力的合作协议，其核心内容包括私营部门的选定、合作条款的磋商、合作协议的签订三个方面。首先，筛选合适的私营部门参与公共资源合作治理项目是公共部门开展合作治理需要面临的首要问题，由于公共部门在公共资源治理中选择合作治理模式的动机在于借助私营部门优势获得价低质优的治理效果，所以，公共部门需要利用市场化工具为有意向参与公共资源合作治理项目的私营部门提供公平竞争的平台，进而选择优势最为明显的私营部门作为合作伙伴。其次，在选定合作伙伴之后公共部门与私营部门需要就具体的公共资源合作治理项目如何合作进行磋商，合作条款的制定过程实质上是公共部门和私营部门之间合作博弈的过程，结合前文中"公私部门合作博弈"的论证，合作条款需要以实现公私部门合作行动的激励相容作为设计原则，所以，公共部门在合作条款制定过程中需要引入私营部门的参与，即在制定过程中把合作条款分为两类：固定条款和可协商条款，固定条款是为了保障公共利益和公共价值目标而设立的不可进行协商的原则性条款，可协商条款则是涉及公共部门与私营部门开展合作治理中比较灵活的条款内容，该类条款的制定可以通过与私营部门的协商谈判，最后确定具有激励作用的条款内容。最后，经过公共部门与私营部门对公共资源合作治理项目合作条款的磋商，形成书面的具有法律约束力的"合作协议"，从而标志着公共资源合作治理机制运行的初步达成。

三　公共资源合作治理机制运行的执行环节

执行环节是公共资源合作治理机制付诸实践的过程，私营部门依据与公共部门达成的合作协议对所承接的具体公共资源合作治理项目开展治理行动，在该环节中公共部门监管职能的履行同样发挥着重要的作用。此外，由于公共资源合作治理主体的有限理性和信息不对称的客观制约，双方在合作治理中签订的"合作协议"实质上只是"不完全协议"，在执行过程中仍然需要根据出现的问题和新情况进行修正和完善。所以，执行环节中包括两个核心内容，即公共部门的履约监督和不完全合约的修订。

第一，公共部门过程监督的目的在于促使私营部门能够有效履行合作协议，保障合作治理项目既定目标的达成。因此，结合前文中公共资源合作治理机制执行制度的安排，一方面把私营部门合作治理项目执行过程分为不同的阶段，定期在每个阶段的节点对私营部门的合作治理状况进行审核以确保无违约行为的出现；另一方面在违约审核的同时需要专门对私营部门合作治理项目执行的阶段性成效进行绩效评估，以保证公共资源合作治理公共利益和公共价值目标的实现。

第二，不完全协议的修订和完善是公共资源合作治理项目有效执行的重要保障，公共部门在对合作治理项目监督过程中必然会遇到实际执行与协议规定不协调或者合作协议所没有囊括的治理行为，这客观上要求公共部门与私营部门针对合作治理项目具体执行中的情况对合作协议中的部分条款进行重新协商修订和补充。此外，针对私营部门出于部门利益考虑所出现严重违背合作协议的行为时，公共部门具有单方面终止合作协议的保留权力，并且对私营部门违约行为所造成的损失进行强制性处罚。

四 公共资源合作治理机制运行的终止环节

终止环节是公共资源合作治理机制运行的最后阶段，也标志着该公共资源合作治理项目的终结。该环节公共部门需要对私营部门在具体公共资源合作治理项目的执行效果进行验收，以此来确定公共资源合作治理得益的分配，并且以此为借鉴继续改进和完善相关公共资源合作治理项目的推行。所以，终止环节的核心内容主要包括三个方面：结果绩效评估、合作得益分配、合作治理延续。具体分析如下。

第一，结果绩效评估。在执行环节中对私营部门分阶段进行的评估属于过程绩效评估，而终止环节中的绩效评估是结果绩效评估。结果绩效评估是对私营部门在公共资源治理合作行动中的最终结果进行的评估，它主要包括两个侧重点，其一是私营部门是否按照在达成环节所签订的合作协议完成既定治理任务，其二是合作治理项目任务的具体执行所满足公共利益要求的程度。

第二，合作得益分配。合作得益分配的方式和比例主要取决于公共部门对私营部门在合作治理项目执行过程和结果绩效评估的综合结果。结合"公共资源合作治理正式制度安排"中的分析，合作得益分配遵循"Shapley value"（夏普利值）激励原则，根据私营部门在合作治理项目中的贡献以及执行效果给予不少于其所耗费的成本补偿和报酬，对于其超额完成的合作得益部分按照贡献比例进行激励性分配。此外，针对没有完成或者偏离合作治理任务目标的情况，需要按照合作协议中的惩罚条款对该私营部门做出经济上的制裁。

第三,合作治理延续。公共资源合作治理项目的推行在于提供优质的公共物品和公共服务以满足人民日益增长的多样化和个性化的需求,所以合作治理项目并不是单独的或者短期的项目,单个项目的完成也并不意味着该项目的彻底终止,而是往往需要相关配套合作治理项目的延续,公共资源合作治理项目的终止环节也意味着后续合作治理项目的开始。因此,公共部门需要根据该环节对已完成的公共资源合作治理项目中的经验与教训进行分析总结、建立档案,并且出于公共资源合作治理投入的资产专用性特点,可以把私营部门的合作治理项目执行绩效评估结果纳入后续合作治理项目合作伙伴的选择考评之中。

第三节 公共资源合作治理机制运行的方式

根据上文分析与图6-1所示,准备环节、达成环节、执行环节与终止环节是相互递进的关系,以准备环节作为开端,终止环节代表着该合作治理项目的终结,同时也意味着下一个合作治理项目即将开始,它们共同构成了公共资源合作治理机制运行的整体循环系统,该循环系统是公共资源合作治理机制运行最直观的体现。而如何实现公共资源合作治理机制的有效运行,则需要探究每个环节在机制中合适的运行方式。

一 准备环节中的主体角色定位

主体关系是公共资源合作治理机制建构需要研究的首要前提,体现在公共资源合作治理机制运行的准备环节中,主体角色定位是促使该环节能够有效运行的重要前提保障。结合第三章"主体关系"中的论述,公共部门与私营部门是公共资源合作治理中的互动主体,在具体的公共资源合作治理项目中,公共部门必然处于主导地位,这主要由两方面决定：一是公共资源项目本身的产权归属，公共资源在产权上属于全民所有、国家机构代为管理的权利设置，所以公共部门作为国家机构的主要组成单位拥有主导公共资源治理的权利；二是公共资源治理所内含的公共利益和公共价值目标要求，决定了公共部门负有公共资源合作治理公共价值实现的公共责任。

私营部门在公共资源合作治理互动中属于重要的参与伙伴，它作为公共资源合作治理项目执行的"代理人"，直接承担着治理公共资源从而为人民提供公共物品和公共服务的任务。在中国特色社会主义市场经济体制背景下，公共部门与私营部门并不是完全平等的共享裁量权，而是裁量权的"有限共享"。所以，在公共资源合作治理机制中，公共部门与私营部门形成的是优势互补、合作共赢的关系，公共部门主导公共资源合作治理项目的确立与管理机制的搭建，私营部门在该环节属于合作治理项目的潜在合作参与者，它根据公共部门公布的公共资源合作治理立项，选择和参与竞标与自身业务相匹配的合作治理项目。

二 达成环节中的治理工具选择

达成环节是公共部门与私营部门达成合作协议的过程，而如何达成合作协议需要公共部门选定合适的公共资源合作治理工具。所以在选定公共资源合作治理项目的合作伙伴时需要根据项目本身属性以及所需要的技术特点，来决定是否通过公开招标、邀请招标、竞争性谈判或竞争性磋商等方式进行筛选。具体分析如下。

第一，公开招标是招标单位通过向市场公开发布招标项目公告，并且根据招标程序以及评价标准在参与招标项目的投标人中选择合作伙伴的方式，它适合潜在投标人较多、技术条件要求不高的公共资源合作治理项目，如市政街道环卫招标项目。

第二，邀请招标与公开招标相对应，它是一种有限竞争的招标方式，主要体现为招标单位通过向特定的投标人发放投标邀请书，进而根据招标程序以及评价标准在有限参与招标项目的投标人中选择合作伙伴的方式，它主要适用于潜在投标人较少、技术要求复杂特殊或涉及国家安全的公共资源合作治理项目，如矿产资源开发项目。

第三，竞争性谈判是指"谈判小组与符合资格条件的供应商就采购货物、工程和服务事宜进行谈判，供应商按照谈判文件的要求提交响应文件和最后报价，采购人从谈判小组提出的成交候选人中确定成交供应商的采购方式"；它适合于招标后没有投标人投标或者投标不合格的，技术要求复杂特殊、不能确定详细规格与具体要求的，招标时间不能满足用户紧急需求的，事先无法计算价格总额的公共资源合作治理项目[1]，如涉及文物保护、专利研发类项目。

第四，竞争性磋商与竞争性谈判相类似，是指"指采购人、政府采购代理机构通过组建竞争性磋商小组（以下简称磋商小组）与符合条件的供应商就采购货物、工程和服务事宜进行磋商，供应商按照磋商文件的要求提交响应文件和报价，采购人从磋商小组评审后提出的候选供应商名单中确定成交供应商的采购方式"；它适用于政府购买服务项目，技术要求复杂特殊、不能确定详细规格与具体要求的，不能事先计算价格总额的，市场竞争不充分的科研项目、需要扶持的科技成果转化项目，招投标法规定必须进行招标工程项目以外的工程建设项目[2]。

依照上述法定程序和要求，公共部门针对不同公共资源合作治理项目，通过合适的治理工具选择参与合作治理的私营部门，同时就项目执行中的合作条款进行谈判与磋商，进而达成有约束力的"合作协议"。

---

[1] 中国政府采购网：《中华人民共和国财政部令第 74 号〈政府采购非招标采购方式管理办法〉》，http：//www. ccgp. gov. cn/zcfg/mofgz/201401/t20140103_4650784. htm，2014 年 1 月 3 日。

[2] 中国政府采购网：《财政部关于印发〈政府采购竞争性磋商采购方式管理暂行办法〉的通知》，http：//www. ccgp. gov. cn/zcfg/mof/201501/t20150121_4942852. htm，2015 年 1 月 21 日。

三 执行环节中的制度约束规范

执行环节的核心任务主要包括履约监督和不完全协议的修订，二者的有效运行都离不开制度安排的规范约束作用。根据前文论述，公共资源合作治理机制的制度安排可以分为正式制度、非正式制度和执行制度，并且三种类型的制度设计功能和结构上的相互补充，共同约束和规范了公共部门与私营部门在公共资源合作治理过程中的互动行为。

在执行环节中，中标的私营部门根据与公共部门签署的合作协议对所承接的具体公共资源合作治理项目开展治理行动，合作协议主要是围绕具体项目的任务划分、责任归属、违约惩治等实施标准进行了限定，而对公共资源合作治理机制而言，制度安排是确保合作协议能够得到有效履行的根本性保障。利益冲突协调制度为解决合作治理项目执行过程中公共部门与私营部门产生的利益冲突以及不完全合作协议的修订提供了可行方式；过程监督激励制度通过正向激励与负向激励相结合的方法为公共部门监督私营部门的履约行为提供了支持。此外，非正式制度安排中组织文化、信任关系、合作惯例、隐性契约对规范公私部门在公共资源合作治理行为起到了潜移默化地影响，而执行制度是确保正式制度安排能够有效得到执行的制度，所以，在公共资源合作治理机制运行的执行环节，三种类型的制度安排为履约监督与不完全协议的修订提供了制度保障和方式选择。

四 终止环节中的治理模式改进

终止环节是公共资源合作治理机制运行的最后环节，同时也为新的公共资源合作治理项目运行的准备环节提供了经验积累。所以终止环节的运行不仅在于终结已有合作治理项目，而且需要在该环节的结果绩效评估和合作得益分配的基础上，分析和总结合作治理机制运行各个环节中出现的新问题，积累有益经验，进而对合作治理机制运行模式做出进一步的改进，以实现合作治理的延续。

在该环节中，结果绩效评估通过对合作治理项目履约过程以及公共利益和公共价值目标实现程度的考量，可以判定公共资源合作治理机制运行的整体状况。根据公共资源合作治理项目绩效评估结果，一方面对未达到既定绩效目标或者在履约过程中出现新问题的合作治理项目进行分析，找出合作治理机制运行过程中存在问题的原因；另一方面，对达到或者超额完成既定绩效目标的合作治理项目也需要进行剖析，总结合作治理机制运行中的有益经验。同样，合作得益分配方式的选择是公共资源合作治理机制运行终止环节中的重要内容，前文中合作得益分配制度"激励相容"的设计思路为具体合作协议中公共资源合作治理项目的得益分配提供了基本规则，而如何细化和丰富合作得益的分配仍然需要公共部门在合作得益分配的实践探索中逐渐进行完善。因此，终止环节的运行实质上可以看作是公共资源合作治理模式不断进行改进的过程。

第四节　公共资源合作治理机制运行的平台

公共资源合作治理机制的有效运行，不仅需要具备一定的条件、环节和方式，而且还要求建立与机制运行协调一致的平台。依附于大数据时代的公共治理背景，公共资源合作治理机制的运行除了需要整合传统的实体平台以外，还需要通过建立相应的虚拟平台以适应当前公共资源合作治理机制运行的多样化需求。

一　公共资源合作治理机制运行的实体平台

实体平台主要是指促使与保障公共资源合作机制稳定运行所需建立和依赖的管理机构、职能设置与组织形式的集合体，它构成了公共资源合作治理机制运行的基础架构。所以，实现实体平台的功能整合是保障公共资源合作治理机制有效运行的必然要求。首先，在管理机构方面，根据前文论述，公共部门是公共资源合作治理机制的主导，它决定着具体公共资源合作治理项目的确立以及负有确保项目执行结果符合公共利益和公共价值目标的公共责任。因此，在具体的公共资源合作治理项目运行中需要建立专门的管理机构负责项目的整体实施和运行，并且专门的管理机构需要赋有履行公共职能的法定地位和强制权力，以保障公共资源合作治理项目的有效开展和推行。

其次，在职能设置方面，管理机构需要根据公共资源合作治理机制运行的各个环节履行相应的公共职能。第一，准备环节的基本职能设置主要包括设计和制定公共资源合作治理项目实施方案、论证项目合作治理方式的选择、发布具体项目的招标公告信息。第二，达成环节的基本职能主要涉及对参与项目合作的私营部门资质审核、组织与私营部门针对合作协议具体条款的磋商以及达成公共资源合作治理项目的合作协议。第三，执行环节的基本职能主要围绕"履约监督和不完全合约的修订"设置具体监督程序和方法，以及组织与私营部门就不完全协议修订进行再次磋商和谈判。第四，终止环节的基本职能主要涉及履行对私营部门合作治理项目执行效果的绩效评估、组织分配合作治理项目的最终得益和总结剖析合作治理项目中存在的问题与经验。

最后，在组织形式方面，公共资源合作治理机制运行过程的动态性、不确定性特征客观上决定了实体平台需要具备多样化、灵活性的组织形式，即除了需要实体平台本身直接履行职能的领域之外，还可以在专业职能领域通过引入第三方的专业化优势以提高职能履行的效率、降低交易成本。比较典型的有：在组织合作治理项目招标的过程中可以委托专业的招投标代理公司负责履行招标职能；在公共资源合作治理过程和结果的绩效评估领域，也可以引入第三方专业化的评估公司和机构以确保绩效评估的科学性和全面性；另外，在公共部门和私营部门公共资源治理合作行动中利益冲突协调领域，也可以引入第三方协调机构参与调解，以保障利益调解的公正性。

二 公共资源合作治理机制运行的虚拟平台

实体平台是公共资源合作治理机制运行的有形场所，虚拟平台与实体平台相对应，它主要是指依托互联网络和大数据技术所搭建服务于公共资源合作治理机制各个环节有效运行的由专业化门户网站组成的电子平台系统，同时它也是大数据时代公共资源合作治理必不可少的工具选择。

当前中国公共资源合作治理机制运行的电子平台建设发展较快，在国家层面建设的有全国公共资源交易平台（http://www.ggzy.gov.cn/，主管部门：国家发展与改革委员会），中国政府采购网（http://www.ccgp.gov.cn/，主管部门：财政部），财政部政府与社会资本合作中心（http://www.cpppc.org/zh/index.jhtml，主管部门：财政部）等。在地方层面，省市级职能部门也相应建立了公共资源合作治理电子平台，例如福建省公共资源交易电子公共服务平台（https://www.fjggfw.gov.cn/default.aspx，主管部门：福建省发展和改革委员会），厦门市公共资源市场配置网（http://www.xmcz.gov.cn/ggzyscpz/，主管部门：厦门市财政局）。除了以上国家和地方层面的官方平台以外，市场主体在国家职能部门的审核认证下也建立了专业性的电子平台，例如中国招投标公共服务平台（http://www.cebpubservice.com/low/platform/index.shtml，运营部门：中国招标公共服务平台有限公司），中国招标与采购网［http://www.zbytb.com/，运营部门：中招国信（北京）招标有限公司］。

通过对以上官方电子平台和企业运营平台的查询研究发现，公共资源合作治理机制运行的虚拟平台虽然发展迅速，但仍然存在两大明显的问题：第一，官方平台建设整合程度还有待提高，虽然全国公共资源交易平台初步实现了国家省市三级平台的互联互通，各级发展和改革委员会与财政部门建立的虚拟平台功能存在重叠、职能存在交叉，整合程度不高，进而增加了公共资源合作治理机制运行的交易成本。第二，对企业运营平台监管力度不够，根据国家发改委联合其他主管部门发布的〔2013〕第 20 号令《电子招投标办法》中明确规定："电子招标投标交易平台运营机构不得要求投标人注册登记、收取费用。"[①] 而在网络调研中发现企业运营的电子平台多是以注册会员并且根据会员缴纳的费用来提供不同的服务（见表 6-1）。

表 6-1　　　　　　　　"中国招标与采购网"收费标准

会员等级/年费	优惠推荐	主要服务
□标准会员 4000 元/年	□7000 元/两年　□10000 元/三年 □12000 元/四年　□14000 元/五年	开通部分招标公告、招标变更、资格预审、中标公示等项目信息的使用权限，并享有项目订阅的权限
□高级会员 8000 元/年	□15000 元/两年　□20000 元/三年 □24000 元/四年　□28000 元/五年	在标准会员的基础上开通全部招标公告、业主邀请招标、直接采购、拟在建项目信息的会员权限
□VIP 会员 16000 元/年	□28000 元/两年　□35000 元/三年 □40000 元/四年　□45000 元/五年	在高级会员的基础上享有重大项目、VIP 项目的查看权限，并进入我网 3A 企业信誉库，享有推荐入围三次机会

资料来源：中国招标与采购网，http://www.zbytb.com/about/payfor.html。

因此，公共资源合作治理机制运行的虚拟平台建设需要针对以上两大问题入手，一方面加强各主管部门之间的沟通协调，明确不同主管部门之间的权力与职能边界，统一整合电子化平台数据信息，实现各大平台数据信息获取与运用的共享和互联互通，以最终归并

[①] 中华人民共和国国家发展与改革委员会：《令 20 号》，http://www.ndrc.gov.cn/zcfb/zcfbl/201302/t20130220_527489.html，2013 年 2 月 4 日。

成囊括纵向的各级主管部门和横向的不同主管部门负责的公共资源合作治理服务电子服务平台终端。另一方面，主管部门必须加强对市场企业电子平台运营的有效监管，不但在审核认证阶段严格把控电子平台运营机构的资质标准，而且还要对企业运营电子平台的过程实施监督，及时、依法对违规企业做出相应的处罚和整治，以维护公共资源合作治理机制运行公平竞争的市场环境。

第 七 章

公共资源合作治理机制的风险剖析

自20世纪末随着科学技术的进步以及政治经济文化的发展，人类社会开始进入后工业时代，后工业时代既是物质精神文明极大丰富的时代，也是充满不确定性和复杂性的风险时代。处于机遇与风险并存的时代背景下，公共资源合作治理机制的运行必然存在潜在的风险，因此，深入了解公共资源合作治理机制风险的表现和影响，剖析风险产生的原因，进而探究规制路径是保障公共资源合作治理机制有效运行的客观要求。

第一节 公共资源合作治理机制风险的表现

前文精细化剖析了公共资源合作治理机制所包含的核心命题：主体关系、工具选择、制度安排和运行机理，每个核心命题都是公共资源合作治理机制的重要组成部分，同时也是公共资源合作治理风险发生的重要领域。所以，探究公共资源合作治理机制风险的表现需要从以下四个方面进行分析。

一　主体关系中的位置混淆

主体关系是公共资源合作治理机制研究的前提，公共部门与私营部门是公共资源合作治理中的主要互动主体，公共资源合作治理机制的主体关系实质上可以看作是公共部门与私营部门在公共资源治理合作行动中的合作博弈。由于在中国特色社会主义市场经济体制下，公共资源合作治理中博弈主体是"裁量权的有限共享"，所以，公共部门在公共资源合作治理中必然处于主导地位，它直接决定了公共资源合作治理项目的确立和治理过程的监管，而公共部门与私营部门之间的合作博弈也主要集中在部分有关执行合作协议条款的磋商以及项目执行过程中的细节。

公共部门在公共资源合作治理中的主导地位有利于确保公共资源合作治理公共利益和公共价值目标的实现。在具体的公共资源合作治理项目中二者体现的是"委托—代理"关系，私营部门作为代理人承接了公共部门确立的公共资源合作治理项目，由于合作治理双方组织属性和行为动机的差异性，公共部门作为委托人肩负着对私营部门项目执行的监管职责。公共部门对私营部门的有效监管能够降低私营部门在项目执行过程中出于"部门私利"动机做出违背合作治理目标行为的概率，公共部门在合作治理的动机在于实现与私营部门的优势互补，不当的监管位置会限制私营部门专业优势的发挥，而公共部门在公共资源合作治理项目监管中往往面临着位置混淆的风险。

公共部门监管位置的混淆主要表现在三个方面：监管的越位、错位和缺位。首先，监管的越位风险，公共部门在公共资源合作治理过程中的主导地位和部门属性决定着它拥有绝对的公共权力实施对私营部门合作治理项目执行的监管，而其中公共部门所被赋予的公共权力并没有受到相应的约束，易于出现对私营部门项目执行过程过多的监管，从而限制了合作治理优势的发挥。其次，监管的错位风险，对公共资源合作治理项目的监管往往涉及各级发展和改革委员会、财政、国土资源、工商、林业等多个职能部门,这种"多龙治水"的监管格局容易导致监管职能的交叉与错位,从而增加对公共资源合作治理监管的交易成本。最后,监管的缺位风险,公共资源合作治理项目执行周期一般较长,并且执行过程中会受到各种不确定性和动态性因素的影响,公共部门很难及时全面的应对合作治理过程中出现的新情况、新问题,从而产生监管的缺位。

二 工具选择中的寻租腐败

合作治理工具是公共资源合作治理机制的媒介,它直接决定了公共资源合作治理项目开展的具体行动方式。公共资源合作治理工具分为传统时代的合作治理工具和大数据时代的合作治理工具,传统时代的合作治理工具种类多样,其共同特点主要以市场化手段为基础而形成的公共部门和私营部门合作行动的方式,大数据时代的合作治理工具主要依托于互联网络和大数据技术而设立的服务于公共资源合作治理的电子平台系统。每一种具体合作治理工具都有不同的属性和适应范围,萨拉蒙指出:"项目实施阶段的自由裁量权是可观的,工具的选择决定了这项权利将如何行使,以及哪些利益将得到优先考虑。"[1] 此外,在实践中负责公共资源合作治理工具选择的公共部门并不总是"善的化身",其在工具选择执行过程中具有潜在寻租腐败的风险。

寻租是指"那种利用资源通过政治过程获得特权从而构成对他人利益的损害大于租金获得者收益的行为"[2],并且,布坎南指出:"政府的特许、配额、许可证、批准、同意、特许权分配——这些密切相关的词的每一个都意味着由政府造成的任意的或人为的稀缺,

---

[1] [美] 莱斯特·M. 萨拉蒙:《政府工具:新治理指南》,肖娜等译,北京大学出版社 2016 年版,第 9 页。

[2] [美] 戈登·塔洛克:《对寻租活动的经济学分析》,李政军译,西南财经大学出版社 1999 年版,第 27 页。

这种稀缺意味着租金的出现。"① 寻租是市场主体的非生产性行为，它往往与公共部门的腐败相关联，而"腐败"从本质上看是公共部门运用"公共权力"来谋取私利的行为。

公共部门在公共资源合作治理中处于主导地位，它直接决定着通过何种治理工具从众多私营部门中来选定具体的合作伙伴参与合作治理，比如在公共资源合作治理项目方案实施过程中，本来可以通过充分市场竞争公开招标的项目，有可能会选择邀请招标或者竞争性谈判等有限竞争的工具来进行限制性操作。这种不受直接约束的选择权力在一定程度上制造了公共资源合作治理项目的人为稀缺，因此也为寻租腐败的产生创造了空间。

三 制度安排中的规制俘获

制度安排是公共资源合作治理机制的重心，正式制度、非正式制度与执行制度在功能和结构上相互补充，共同构成了维护公共资源合作治理机制有效运行的制度基础。其中非正式制度是在公共资源合作治理改革与实践不断发展的过程中逐渐演化积累而成，正式制度是公共部门为规制公共资源合作治理机制运行而制定的具有强制约束力的规章制度，并且执行制度作为保障正式制度安排能够得到有效执行而进行的制度设计。可见，公共部门通过一系列制度安排对公共资源合作治理机制发挥着规制功能，但是其中也面临着一个问题："规制者由谁来规制？"规制者在公共资源合作治理机制正式制度与执行制度的具体设计中具有潜在的"规制俘获"风险，即规则条款的设计可能会偏离公共利益目标或者成为私营部门谋取部门私利的依据。

"规制俘获"与"公共利益理论"观点相对立，认为："由于立法者和管理机构也追求自身利益的最大化，因而某些被规制企业能

---

① ［美］詹姆士·布坎南：《寻求租金和寻求利润》，陈国雄译，《经济社会体制比较》1988年第6期。

够通过'俘获'立法者和管制机构而使其提供有利于自己的规制。"[1] 李健根据企业、公民和规制者的抽样调查统计数据对中国规制俘获程度进行了实证研究，得出结论："当前中国的规制俘获程度为 3.018047，属于中等程度的俘获水平。"[2] 可见，规制俘获并非西方资本主义国家行政体制的专利，处于国家治理现代化转型期的中国，由于社会主义市场经济体制发展的不充分和政府规制体系的不完善，公共部门在公共资源合作治理制度安排与设计过程中确实面临着规制俘获的风险。

公共资源合作治理制度安排中的规制俘获风险主要体现在正式制度的具体设计之中，比如在公共资源产权制度设计中模糊具体资源项目的产权归属，从而被私营部门侵占公共资源的公共产权；在合作得益分配制度设计中可能会出现私营部门压缩公共利益而获得超额收益的风险；在利益冲突协调制度设计中可能会出现公共部门过于妥协而有损公共利益的风险；在过程监督激励制度设计中可能会出现激励规则脱离监督目标而成为私营部门谋取部门私利新途径的风险。

四 机制运行中的围标串标

公共资源合作治理机制的运行机理揭示了合作治理项目具体运行所涉及的条件、环节、方式和平台，私营部门作为"代理人"承接公共部门委托的具体公共资源合作治理项目，并且通过完成合作治理任务获得相应的部门收益。可见，合作治理项目对私营部门而言，已经作为其当前拓展业务渠道的来源之一，并且成为同行业私营部门在市场竞争中角逐的热点商机。公共部门在公共资源治理领域开展合作治理模式的动机在于依靠市场机制充分发挥市场主体的

---

[1] 杜传忠：《政府规制俘获理论的最新发展》，《经济学动态》2005 年第 11 期。
[2] 李健：《规制俘获的辨识与测量：基于中国转轨时期的实证研究》，《产经评论》2011 年第 5 期。

专业优势，为人民提供质优价廉的公共物品和公共服务。所以，公共部门在选择公共资源合作治理的合作伙伴时通常会引入市场竞争机制，比较典型的是通过公开招标，从参与公平竞标的市场主体中均衡报价和资质选择与项目最匹配的合作者。

同行业的私营部门在公共资源合作治理项目竞标过程中是相互竞争的关系，这也是公共部门在选择合作伙伴时的依据。然而，"上有政策，下有对策"，面对公共资源合作治理项目的竞标，相互竞争的同行业私营部门很有可能利用不完善的竞标规则进行"集体合谋"，即具体表现在合作治理项目竞标过程中出现"围标""串标"的风险。围标与串标都是阻碍市场公平竞争的行为，并且二者的隐蔽性较强，很难被监管者所察觉。

公共资源合作治理机制运行过程中，围标是指多个作为投标人的私营部门事先达成约定，在项目竞标时统一压低或者抬高报价以共同排挤其他投标人，进而使内定者中标，以获得利益或报酬的不正当竞争行为。串标是发生在投标人和作为投标人的代理招标公司之间；为减少成本、获得更加专业的招标服务，公共部门经常会委托专业的招投标公司代理履行公共资源合作治理项目的招标职能，此时代理招标公司与投标人可能会出现利益合谋的风险，即二者在招投标过程中相互串通，代理招标公司内定中标人，从而使招投标流于形式。

第二节 公共资源合作治理机制风险的影响

公共资源合作治理机制在主体关系、工具选择、制度安排、机制运行四个核心领域表现出的位置混淆、寻租腐败、规制俘获、围标串标风险，对具体公共资源合作治理项目的运行产生不同程度的负面影响，具体主要体现在以下几个方面。

一 限制私营部门优势发挥

公共资源合作治理模式的开展旨在公共资源治理领域通过公共部门与私营部门的优势互补,为人民提供质优价廉的公共物品和公共服务。公共资源合作治理机制的运行主要体现在公共部门把具体公共资源项目委托给与合作治理项目相匹配的专业化私营部门,私营部门作为代理人出于"追逐部门利润"的组织属性,具有充分发挥其专业优势,以最小的成本完成合作协议任务的动机,同时也存在着违背既定的合作协议目标谋求部门私利的可能。所以,在主体关系中公共部门主要发挥对公共资源合作治理项目执行的监管职能,而监管过程存在的越位、错位和缺位的位置混淆风险,直接影响着私营部门在公共资源合作治理中专业优势的发挥。

公共部门对私营部门在公共资源合作治理项目执行过程最合适的监管位置在于既能有效规制私营部门做出损害公共资源合作治理公共利益目标的行为,又能不妨碍私营部门在项目具体执行过程中专业化优势和创新能力的发挥。而公共部门监管越位的弊端在于它对私营部门项目执行过程实施过多的干预,它极大地压缩了私营部门项目执行具体方式自由裁量的空间,从而导致私营部门在公共资源合作治理过程中专业化和创新能力无法得到充分施展。公共部门监管错位的影响主要在于它对私营部门项目执行过程实施不当的干预,这就增加了公共资源合作治理过程的交易成本,对私营部门项目执行形成不利的干扰。公共部门监管缺位对公共资源合作治理项目的不利影响更加显著,私营部门在项目执行过程中缺少公共部门有效监督的前提下易于做出追逐部门私利的行为而不是发挥专业优势达成合作治理任务。

二 降低公共部门信任程度

公共部门是人民权力的执行代表和公共利益的维护者,旨在提供公共物品和公共服务以谋求公共利益和社会共同福利为目标的组织体系，它对公共资源治理负有天然的责任，公共资源合作治理是当前公共部门公共治理实践改革背景下治理公共资源的有效模式。公共部门作为公共资源合作治理的主导，在利用市场化合作治理工具选择私营部门合作伙伴时存在寻租腐败风险，非最优私营部门通过寻租、贿赂等不正当竞争手段获得公共资源合作治理项目的代理权，进而导致合作治理项目执行成本的增加，或者更为严重的是出现公共物品和公共服务供给质量的低劣，给人民生活和社会稳定造成威胁。

公共部门信任是指建立在公共部门对人民利益诉求表达回应性基础上的人民对公共治理是否满足其心理预期而表现出的对公共部门的认同程度，它是公共部门代表人民意志履行公共治理职能的合法性基础。由于公共部门在公共资源合作治理工具选择中出现的寻租腐败，其造成的不但是人民利益和社会稳定的直接威胁，而且会进一步导致人民对公共部门本身的质疑和不信任，公共部门信任度降低易于引发连锁反应，陷入"塔西罗陷阱"，即公共部门失去公信力之后，其做出的决策和行为无论正确与否，都会被人民认为是错误的。可见，公共资源合作治理工具选择中的寻租腐败会直接削弱公共部门的信任程度，进而导致公共部门在其他公共资源合作治理项目的开展过程中陷入被人民质疑的局面，从而不利于公共资源合作治理模式的有效推行。

三 损害公共利益价值目标

公共资源合作治理的最终目标在于通过公共部门与私营部门在公共资源治理中的有效合作、优势互补，从而为人民提供质优价廉的公共物品和公共服务，以满足其日益多样化、个性化的需求。在公共资源合作治理过程中，私营部门合作行为的原始动机和价值目标在于追求部门利润，而公共部门的公共性属性决定着其肩负着实现公共资源合作治理公共利益价值目标的公共责任，可见，作为委托人的公共部门和代理人的私营部门行为目标存在差异性，私营部门在执行所承接的公共资源合作治理项目时具有追求最大化部门利润的行为倾向,所以,公共部门的主导地位正是在于确保私营部门在公共资源合作治理项目执行中不会偏离公共利益价值目标。

公共资源合作治理机制的一系列制度安排是项目有效运行的重要保障,而制度安排过程存在的规制俘获风险可能导致公共部门在具体制度设计中偏向于为私营部门获得超额利益收入提供可能而损害公共利益价值目标。此时公共资源合作治理项目中被规制俘获的公共部门已经失去了对合作治理项目执行监管者的角色功能,甚至出现"监管真空"状态,以至于私营部门出于"追逐部门利润"的组织属性和行为动机,在没有得到有效监管的前提下充分利用公共部门设计的有利制度规则,进一步侵蚀公共资源合作治理项目执行中的公共利益。所以,规制俘获风险会造成对公共资源合作治理公共利益价值目标的直接损害。

四 扰乱公平竞争市场秩序

公共资源合作治理模式与传统的公共资源直接治理模式相比,根本的区别主要体现在两个方面:一是治理主体由公共部门单一主体增加为公共部门和私营部门;二是治理方式由直接治理转变为公共部门与私营部门之间的合作治理。而公共部门与私营部门合作治理开展的基础依赖是社会主义市场经济体制的发展和不断完善。公平竞争的市场秩序是市场经济的典型特征,同行业的私营部门在公共资源合作治理项目竞标过程中处于平等的地位,项目的最终承接归属主要取决于同行业私营部门之间公平竞争的结果,公共资源合作治理正是通过引入市场竞争机制以实现公共部门与私营部门合作伙伴关系的最优搭配,从而降低了公共资源合作治理的成本。

但是在公共资源合作治理机制运行过程中存在的围标串标风险,直接阻碍着市场竞争机制作用的有效发挥。围标串标从本质上看相当于同行业或者利益相关的私营部门之间形成的"利益合谋",在公共资源合作治理项目招投标过程中,这种私营部门之间的"利益合谋"在一定程度上使市场竞争规则形同虚设，公共资源合作治理项目的承接权利反而成为私营部门之间利益博弈均衡的内定结果。可见，围标串标不但通过"利益合谋"排挤"合谋团体"之外的参与竞争者，进而直接扰乱了公平竞争的市场秩序，而且为公共资源合作治理机制运行埋下隐患，从而造成公共资源合作治理模式效用的削弱。

第三节　公共资源合作治理机制风险的诱因

前文中论述，公共资源合作治理机制风险主要表现为主体关系中的位置混淆、工具选择中的寻租腐败、制度安排中的规制俘获和机制运行中的围标串标，这些风险的存在对公共资源合作治理机制产生不同程度的影响，而要研究公共资源合作治理机制的风险剖析路径客观上需要探寻风险产生的诱因。公共资源合作治理机制每一种风险的产生不是只有一种诱因所致，而是多种诱因综合作用的后果，概括来讲，主要分为以下几个方面。

一　有限理性经济人行为

在公共资源合作治理机制主体关系中已做出论述，公共部门和私营部门的行为假设是有限理性的经济人，公共部门和私营部门在做出行为决策时受到"客观有限理性"和"主观有限理性"的双重影响和制约。客观有限理性主要是因为受到环境、认知等方面的限制使行为主体无法做出最优的行为选择，而主观有限理性主要由于公共部门和私营部门不同组织属性决定的目标导向差异，从而直接影响着主体行为决策的选择。可见，有限理性是公共部门和私营部门做出行为决策的原始依据，它制约着公共资源合作治理机制运行中公共部门和私营部门合作互动的所有行为。然而，两大主体基于有限理性所做出的行为选择结果往往会跟其行为预期目标产生偏差，所以，有限理性的存在也成为公共资源合作治理机制风险发生的主要诱因之一。

主体关系中的位置混淆风险产生的主要诱因在主体行为表现上看可以归咎于公共部门在履行公共资源合作治理监管职能时对自身并没有做到准确的定位，以致其无法有效把握监管的限度问题，造成对私营部门合作治理项目执行监管中的越位、错位和缺位，从而限制了私营部门专业技术优势的发挥。而从本质上分析，公共部门之所以很难有效定位自身在监管中的位置及找到合适的监管限度，主要是由于公共部门行为主体本身的主客观有限理性，导致其在履行监管职能时很难对私营部门合作治理项目执行过程做出准确的判断。

此外，有限理性的另一个重要层面，即"经济人"假设揭示了不但私营部门会最大化追求部门利润，而且公共部门也具有通过付出最小的治理成本以获得更优质的公共物品和公共服务供给这一经济化的行为倾向。但是，不可否认的是公共部门中的基本组成单位公务人员除了是"公共利益维护者"的角色外，也是现实中有私利追求的"自然人"角色，当两种角色场景混淆时，公务人员可能会出现利用公共权力来谋取个人私利的腐败行为，表现在公共资源合作治理过程中，公共部门中公务人员可能会利用确立公共资源合作治理项目和合作治理市场准入选择的权力设立"租金"、谋取私利，所以，在公共资源合作治理过程中具有设租腐败倾向的个别公务人员易于被以追求部门利润为己任的私营部门所"俘获"。并且私营部门出于有限理性的经济人假设驱使，更有通过寻租来谋求超额利润的行为动机，同时也可能通过围标串标等不正当市场竞争手段获得项目承接权。

二 信息不对称

信息不对称普遍存在于社会政治经济活动等广泛领域中，它是指在社会活动中参与互动的成员针对相同的互动主题所掌握的信息不一致的状况，掌握信息更多的一方往往在互动中能够获得更加有利的地位。公共资源合作治理中的公共部门与私营部门是合作互动的双方，针对具体的公共资源合作治理项目，二者掌握的信息是不对称的，具体表现在两个层面：其一，在公共资源合作治理项目确立阶段，公共部门掌握着绝对的信息优势，私营部门处于项目的外围通过公共部门发布的招标公告获得有关具体项目的相关信息，与公共部门相比此时私营部门处于明显的信息劣势；其二，在私营部门就达成的合作协议具体执行阶段，公共部门作为"委托人"把具体项目委托给私营部门，而私营部门作为"代理人"具体负责公共资源合作治理项目的执行，此时双方信息优劣势的地位发生反转，私营部门在项目执行中比公共部门占有更多的信息优势。

可见，信息不对称在公共资源合作治理过程中存在着双重表现，公共部门和私营部门在项目运行的不同阶段各自拥有着信息优势，信息不对称加剧了公共部门和私营部门在公共资源合作治理中合作博弈的程度，从而诱使公共资源合作治理机制各种风险的产生。一方面，在公共资源合作治理项目确立阶段，相对于私营部门，公共部门占有公共资源合作治理项目的信息优势，它直接决定着哪些公共资源通过合作治理的模式开展治理以及通过何种方式选定参与合作的私营部门，结合上文分析中有限理性经济人的分析，公共部门占有的信息优势可能为个别腐败的公务人员提供更加便利的条件，并且他们易于利用自身职务所掌握的信息和权力迎合私营部门的寻租行为以换取私人利益，进而导致"规制俘获"，损害公共资源合作治理公共利益价值目标。

另一方面，在私营部门就达成的合作协议具体执行阶段，私营部门直接负责公共资源合作治理项目的执行，而公共部门的主要职责在于监管执行过程以确保私营部门能够不折不扣地履行合作治理任务。相较于公共部门，私营部门对项目执行占有绝对的信息优势，这也易于造成公共部门由于对私营部门具体执行过程中真实信息掌握的匮乏，在监管过程中出现监管的越位、错位和缺位的位置混淆风险。此外，出于追求部门利润的组织属性，私营部门的优势信息地位为其在项目执行过程中的机会主义行为创造了条件，它通过刻意隐瞒项目执行过程相关信息以规避公共部门的有效监管以谋取超额利润。

三 不确定性

后工业社会既是人类社会、政治、经济、科学技术极大发展的社会，也是充满高度复杂性和不确定性的风险社会。不确定性是指事物发展的过程和结果中出现的不稳定和随机性的状态，不确定性的存在也是导致各种风险产生的主要诱因之一。公共资源合作治理机制的建构处在高风险的后工业社会时代背景中，机制本身的运行也伴有各种不确定性。

第一，公共资源合作治理机制依附环境的不确定性，结合前文分析公共资源合作治理机制受到政策导向、市场经济发展等多种环境因素的综合影响，影响公共资源合作治理的具体包括行政政策、经济政策、环境政策、产业政策、金融政策、财政政策等，不同政策之间具有相关性，共同作用于公共资源合作治理机制运行的过程。国家治理现代化转型期社会主义市场经济不断发展完善，并且在资源配置中日益发挥着决定性作用，市场机制有利于提升公共资源合作治理的效率，同时开放竞争的市场竞争带来的不确定性也给公共部门履行监管职能带来了挑战。

第二，公共资源治理本身的不确定性。根据前文论述中对学术领域和实践领域的归纳，公共资源是一个广义的概念，它既包括自然资源层面的原生性公共资源，也包括公共部门履行公共管理职能过程中所产生的衍生性公共资源，公共资源合作治理的最终目的在于供给充足的公共物品和公共服务。每一类公共资源合作治理项目治理本身都具有高度复杂性和不确定性的特点，首先原生性公共资源层面，自然资源类的公共资源项目受技术条件、自然地理环境等条件限制，增加了公共部门在公共资源合作治理项目的可行性和价值性评估中的不确定性。其次衍生性公共资源层面，衍生性公共资源表现为非自然形态的人造物，典型的是公共物品和公共服务。公共物品和公共服务直接关系着社会发展和人民物质文化生活需求的方方面面，由于人民需求日益呈现多元化、个性化的刚性发展趋势，以致公共物品和公共服务供给过程总会出现新情况、新问题，这给公共资源治理本身带来更大的不确定性挑战。

第三，私营部门行为方式的不确定性。私营部门的部门属性和价值目标与公共部门具有本质的区别，公共资源合作治理项目对私营部门来说是其获得部门利润的业务途径，私营部门在公共资源合作治理中具有最大化获得部门利润的行为动机。公共资源合作治理项目开展的过程体现为私营部门执行事先与公共部门所达成"合作协议"的过程，公共部门主要负责对私营部门履约过程的监管。"合作协议"主要对任务划分、责任归属、违约惩治等方面内容做出了详细规定，但是静态的合作协议并不能完全约束私营部门的合作治理行动，即私营部门在执行合作治理任务时必然附带有超出合作协议之外的"裁量权"，裁量权的存在给私营的治理方式创新提供了空间，但是同时也增加了私营部门合作治理具体行为方式的不确定性，这也为公共资源合作治理机制风险的产生埋下了隐患。

四 公务人员专业技术能力欠缺

公共资源合作治理模式是当前公共部门公共治理改革和实践的结果，它改变了传统的公共部门直接治理公共资源的方式，而是通过引入私营部门参与合作，实现公共资源合作治理中的优势互补，从而提高公共资源合作治理的质量，降低成本。此时公共部门的职能也相应发生了转变，其职能角色定位的侧重点由公共资源合作治理的具体执行者转变为治理项目的确立者、合作伙伴的选择者、项目执行的监管者，这在客观上对公共部门中公务人员的专业技术能力提出了更高的要求。

但是，在当前公共资源合作治理模式不断得到应用和推广的情况下，从事合作治理项目的公务人员专业技术能力并没有得到相应的提升，而在公共资源合作治理过程中专业能力的欠缺成为导致公共资源合作治理机制风险产生的重要诱因之一。公务人员专业技术能力欠缺主要体现在：第一，项目评估审核能力的欠缺，公共资源合作治理项目的确立考验着公务人员对公共资源具体项目的专业知识和识别能力，公共部门必须要确保该公共资源项目能够通过合作治理模式治理的可行性和价值性。在立项过程中无论是公共部门直接论证公共资源项目还是委托专业的第三方机构进行论证，都要求公务人员具备公共资源项目的专业评估审核的能力。公务人员项目评估审核能力的欠缺，一方面会导致公共部门无法准确评估公共资源项目合作治理的可行性，从而做出错误决策，另一方面，很难对委托给第三方论证机构做出的项目论证结果的信度和效度进行有效审核。

第二，合约管理能力的欠缺。合约管理表现为合约方依法对合约的制定、磋商、修改、履行、监督、终止等行为方式的总和。公共部门通过与私营部门签订合作协议把公共资源合作治理项目委托给私营部门具体执行，公共部门主要负责对私营部门合作治理行动过程的监管，而公共部门的监管实质上也是合约管理的过程。所以，合约管理能力的欠缺直接影响着公共部门监管职能的有效发挥，从而为其在监管职能履行中的越位、错位、缺位风险的发生埋下了隐患。并且，合约管理能力的欠缺也为私营部门寻租、围标、串标等不正当竞争行为风险的产生提供了条件。

第三，大数据技术应用能力的欠缺。大数据时代下公共资源合作治理机制的有效运行不但依靠由管理机构、专门化职能设置和多样化组织形式构成的实体平台，而且需要发挥基于互联网和大数据技术构建的公共资源合作治理虚拟平台的作用。虚拟平台与实体平台相结合，极大地提高了公共资源合作治理的效率，并且大数据技术分析预测功能的应用有利于提升公共资源合作治理机制的抗风险性。虚拟平台的设置主体和主管单位是公共部门，它客观上要求从事公共资源合作治理的公务人员具备大数据技术应用的专业知识和应用能力。而虚拟平台从本质上看属于新型的合作治理工具，而作为工具运用者的公务人员大数据技术应用能力的欠缺直接削弱了虚拟平台功能的有效发挥，从而诱发公共资源合作治理机制中的潜在风险。

第四节　公共资源合作治理机制风险的规制

有限理性经济人行为、信息不对称、不确定性和公务人员专业技术能力欠缺共同构成了公共资源合作治理机制风险产生的诱因，这为进一步探究公共资源合作治理机制风险的规制路径奠定了基础，因此，以机制存在的诱因为基点，公共资源合作治理机制风险规制的路径主要集中在以下四个方面。

一　明晰风险责任分担

根据上文所述，在公共资源合作治理过程中公共部门和私营部门合作行为深受有限理性经济人假设的影响，从而诱发机制运行的各种风险。有限理性经济人假设下，私营部门出于最大化获得部门私利而做出违背市场竞争规则，如寻租、围标、串标，以及出现扭曲执行公共资源合作治理协议的行为；而个别公共部门中的公务人员也可能出现利用公共权力谋取私利的设租、腐败行为风险。由于有限理性经济人属于公共部门和私营部门客观存在的基本行为假设，其行为基础在于行为主体行为决策的"成本—收益"分析，公共部门倾向于采用最经济的方式供给公共物品和公共服务，私营部门具有最大化谋取部门利润的动机。规制由有限理性经济人行为诱发的公共资源合作治理机制风险的重心，可以集中在把风险内化为行为主体的"成本"，以改变"成本—收益"的比重，促使其做出的风险行为变得"不经济"，所以客观上需要配套建立明确的风险责任分担机制。

顾名思义,风险责任分担意指由责任主体共同承担其行为活动所产生的风险,通过公共部门和私营部门在公共资源合作治理中的通力合作、优势互补,二者实现的是利益共享,公共部门既能够为人民提供质优价廉的公共物品和公共服务,私营部门也能够获得足够的成本补偿和利润回报。利益的共享也需要风险的共担,公共部门作为公共利益的代表对公共资源合作治理机制中的风险负有最终责任,而私营部门作为项目的执行代理人同样对运行中的风险负有不可推卸的责任。所以,风险责任分担规制路径的侧重点主要表现在以下两个方面:第一,合理划分风险责任归属,在合作协议拟定和协商过程中要明确机制运行风险产生的主要责任者,监管过程风险产生的责任主要在公共部门,然而围绕项目由私营部门不正当竞争行为或者违约执行造成风险损失的主要责任者是私营部门。同时,对于由公共部门和私营部门共同造成的合作治理风险责任则依照实际损失程度共同承担不利后果。

第二,与公共资源合作治理利益共享设计相结合,风险责任最终的执行方式在于损失赔偿。在明确划分风险责任归属的前提下,进一步确立公共资源合作治理机制风险损失赔偿的方式和标准。在风险损失赔偿方式方面,由公共部门行为造成的风险,需要对具体负责项目招标和监管的公务人员处以经济、行政、法律上的惩罚,由私营部门行为造成的风险损失则由私营部门直接承担赔偿,对于造成严重损失后果的行为,公共部门有权终止合作协议,并要求私营部门承担经济赔偿和追究法律责任。风险损失的赔偿标准制定需要具有惩戒性质,即表现为价格形式的赔偿数额要高于原有损失的价格评估值。

二 打破信息不对称壁垒

信息不对称是造成公共资源合作治理机制各种风险产生的又一重要诱因,公共部门与私营部门互有信息优势和劣势,公共部门拥有公共资源项目信息、市场环境、监管规范及政策等方面的信息优势，而私营部门拥有项目具体执行过程及真实效果的信息优势。在公共资源合作治理项目中，分别作为委托人和代理人的公共部门和私营部门之间的信息不对称，不但增加了公共部门对私营部门项目执行监管的难度，而且为私营部门不正当竞争行为和扭曲执行合作协议提供了空间。所以，打破公共部门与私营部门信息不对称的壁垒是公共资源合作治理机制风险规制的必然要求。打破信息不对称壁垒可以从以下三个层面入手。

第一，依照公共资源合作治理机制信息反馈制度安排，一方面，在合作协议拟定中纳入强制私营部门分阶段主动向公共部门反馈项目执行效果相关信息的条款约定。另一方面，公共部门围绕公共资源合作治理项目设立专门的信息处理机构，委派专业信息采集人员跟踪项目进度，深入私营部门项目执行过程，及时获取项目执行相关的有效信息。

第二，公共部门要畅通信息沟通的渠道，加强与私营部门的信息共享与交流。信息沟通是双向互动的过程，既包括公共部门及时获取私营部门公共资源合作治理项目具体执行相关的信息，也包含私营部门对公共部门合作治理项目信息、规制政策法规监管等方面的信息需求，所以公共部门要畅通信息沟通的渠道。不但要通过公共资源合作治理机制运行的实体平台公共资源治理实体机构做到公共资源合作治理项目以及规制政策法规监管信息的公开透明，而且要充分利用公共资源合作治理机制运行的虚拟平台公共资源合作治理官方门户网站及时向市场主体发布、更新项目信息及规制政策条文。所以，通过实体平台渠道和虚拟平台渠道的有效结合，进一步削减了公共部门和私营部门信息流动的交易成本，有利于降低信息不对称的程度。

第三，统一市场主体信用体系建设。相对于公共部门所占据的项目信息和规制政策信息优势，私营部门在公共资源合作治理项目执行中刻意隐瞒信息或者提供虚假信息对公共利益造成的损害更加直接和严重。所以，针对该种信息不对称下的私营部门失范行为，公共部门应做出专门的规制安排。除了增强对私营部门刻意隐瞒信息或者提供虚假信息行为的惩戒力度，以提高其做出该失范行为的经济成本之外；还需要进一步完善市场信用体系建设，成立国家、省、市三级公开、统一、透明的公共资源合作治理市场主体信用体系，把刻意隐瞒信息或者提供虚假信息的行为纳入市场主体信用级别考评的重要指标。

三 全面推行风险管理

不确定性也是造成公共资源合作治理机制各种风险产生的重要诱因，风险是"在确定时段或因特定挑战出现特定不利后果的盖然性"①，这种盖然性正是不确定性产生的直接后果。所以，降低不确定性的程度以规制公共资源合作治理机制风险，客观上要求公共部门全面推行风险管理。"风险感知和确认，风险分析和预测以及风险评估和决策，最终都指向一个目标，这个目标体现在风险管理中，风险管理追求的是在考虑社会和经济因素后把风险降到最低。"② 公共资源合作治理机制的风险管理是一个逐步递进的过程，主要包括三个递进系统：风险感知系统、风险评估系统和风险决策系统。

第一，风险感知系统。风险感知系统是公共资源合作治理中风险管理的触觉机制，它发挥着识别和确认风险的功能，设置完善的风险感知系统是公共部门全面推行风险管理的基础前提。根据前文中论证归纳，公共资源合作治理机制风险主要表现为主体关系中的位置混淆、工具选择中的寻租腐败、制度安排中的规制俘获和机制运行中的围标串标四个方面，所以，公共部门需要着重从以上四个

---

① ［美］史蒂芬·布雷耶：《打破恶性循环：政府如何有效规制风险》，宋华琳译，法律出版社2009年版，第4页。
② 黄新华：《风险规制研究：构建社会风险治理的知识体系》，《行政论坛》2016年第2期。

重点领域设立专职的风险监测人员，并且充分结合已设置的"信息处理机构"汇聚的项目相关信息，对公共资源合作治理项目运行各个环节进行常态化监测，及时了解运行动态，进而对潜在风险的发生做出预警。

第二，风险评估系统。风险评估系统是对风险感知系统的延伸机制，风险感知系统通过对公共资源合作治理机制运行的持续监测，以识别潜在的风险并做出预警。风险评估系统根据风险预警对识别出的具体风险进行分析，以判定各类风险发生的可能性，由于不确定性是风险产生的重要诱因和集中体现，而"概率通常作为测量不确定的工具"[1]，所以，风险评估系统判定各类风险发生可能性的方法也是基于概率论的测算。公共部门通过分析测算已感知的公共资源合作治理机制各种风险发生的概率，从高风险到低风险对各类风险进行分级排列，并相应做出应对准备。

第三，风险决策系统。"风险是决策过程中一个重要组成部门，没有风险评估我们可能做出错误的决策。"[2] 风险决策系统是对风险评估系统的响应机制，风险决策在公共资源合作治理机制各种风险发生概率评估的基础上为应对风险所做出的行为决策。如史蒂芬·布雷耶所言："这个世界充满了风险，我们只是规制其中的一部分而非全部风险。"[3] 在公共资源合作治理机制运行过程中各种潜在风险也是客观存在的，并且随着环境等各种因素影响发生动态变化，不可能完全得到有效规制，所以，有效的风险决策首先依据风险评估的结果，把各类风险发生的可能性进行排列，其次对每种风险可能造成的各种形式的损失以及规制风险各种方式所付出的成本进行预

---

[1] ［美］格来哲·摩根、麦克斯·亨利昂、米切尔·斯莫：《不确定性》，王红漫译，北京大学出版社2011年版，第66页。

[2] ［美］乔纳森·文：《风险建模》，王燕鸣译，清华大学出版社2009年版，第4页。

[3] ［美］史蒂芬·布雷耶：《打破恶性循环：政府如何有效规制风险》，宋华琳译，法律出版社2009年版，第1页。

估，最后综合风险发生概率、损失值和规制成本值，选择规制风险的最佳方式。

四 培养公务人员专业能力

充满高度不确定性和复杂性的后工业化时代既是各种风险频发的时代，也是以知识技术创新为重要生产力的时代，在该时代背景下社会发展和人民生活日益表现出对公共物品和公共服务的多样化和个性化需求，这在客观上对公共部门公共资源合作治理能力提出了更高的要求。而在公共资源合作治理过程中，公务人员作为公共部门的职责履行者，由于其合作治理专业能力的欠缺，无法掌控和维持公共资源合作治理模式的有效运行，从而导致各种风险的产生。结合前文论述，公务人员专业能力欠缺主要包括项目评估审核能力、合约管理能力、大数据技术应用能力，所以培养公务人员专业能力需要从以下三个方面出发。

第一，定时定期开展公务人员专业能力培训。项目评估审核能力要求公务人员具备公共资源项目识别、实地调研、成本核算、财政预算等综合能力素养；合约管理能力要求公务人员具备合约拟定、谈判、控制、监管、上位法及相关法律法规等专业能力；大数据技术能力要求公务人员掌握大数据技术相关软件的应用、信息网络安全维护等专业知识。所以，针对以上专业能力的要求，公共部门需要制定详细的专业能力培训计划安排，分步骤、分层次、常态化，逐步提升从事公共资源合作治理公务人员的专业能力，使其能够胜任公共资源合作治理机制职责履行的专业能力要求。

第二，完善公务人员录用的人才结构。"术业有专攻"，公共部门在公共资源合作治理模式实践中同样需要专业的技术人才。根据人事部发布的《事业单位岗位设置管理试行办法》（国人部发〔2006〕70号）规定："事业单位岗位分为管理岗位、专业技术岗位和工勤技能岗位三种类别；根据不同类型事业单位的职责任务、工作性质和人员结构特点，实行不同的岗位类别结构比例控制。"① 所以，公共部门在公务人员招聘过程中需要围绕公共资源合作治理机制需求进一步拓宽招聘人才的专业门类，不但需要从事行政管理事务的管理型人才，而且需要有针对性地吸纳拥有资源勘察、软件开发、大数据技术应用等专业背景的技术型人才，按照职能性质确定不同类型人才分布比例，以完善公务人员录用的人才结构，从而为公共资源合作治理奠定人才基础。

第三，开展与智库、科研机构的常态联动。由于公共资源类型多样，以及风险发生的突然性和动态性特征，在具体公共资源合作治理项目运行监管过程中往往会涉及更高技术能力和条件的要求，而仅仅依靠从事公共资源合作治理技术型公务人员的专业能力仍然无法完全满足实践需要，所以提升公务人员的专业能力客观上还需要开展与智库、科研机构的常态联动。一方面，在公务人员专业能力培训领域开展与专业智库、科研机构的长期合作，另一方面，在涉及高精尖技术难度的公共资源立项、资质审核、监管评估等领域可以引入第三方合作参与，充分发挥智库、科研机构的专业优势，从而为公共资源合作治理提供充足的知识能力储备和专业技术保障。

---

① 中华人民共和国人力资源和社会保障部：《人事部关于印发〈事业单位岗位设置管理试行办法〉的通知》，http://www.mohrss.gov.cn/gkml/xxgk/201407/t20140717_136283.htm，2006年7月4日。

第八章

公共资源合作治理机制的实践案例

主体关系是公共资源合作治理机制的前提，工具选择是公共资源合作治理机制的媒介，制度安排是公共资源合作治理机制的重心，运行机理揭示了公共资源合作治理机制的运行过程，风险剖析则探究了公共资源合作治理机制风险的规制路径，它们共同构成了公共资源合作治理机制的理论系统，而理论研究与治理实践的契合度如何，客观上还需要通过实践案例进行进一步的检验。

笔者通过实地调研，走访了北京、厦门、宁波、成都等地，跟踪调查了多项公共资源合作治理项目，经过对所调研项目的梳理与对比发现，合作治理模式日益成为当前政府在公共资源治理领域所选择的主要模式。本书选取的案例为"北京市海淀区苏家坨镇温阳路东侧林地改造提升项目"，之所以选择该案例主要原因是该案例具有普遍的代表性。通过对所有调研项目材料的研究发现，无论是"原生性公共资源"还是"衍生性公共资源"的合作治理，一旦涉及公私部门之间的合作，虽然不同的合作治理项目会有一定的差异，但是其核心的合作治理机制是一致的，合作治理过程中的主体、工具、制度、运行、风险都是其所面临相同的核心内容。因此，为保障案例分析的深入性和统一性，以代表性为前提，选取该案例进行深入剖析与比较，探究公共资源合作治理实践中可借鉴的改进思路。

第一节 公共资源合作治理机制的案例阐释

案例为北京市海淀区苏家坨镇温阳路东侧林地改造提升项目。

一 案例背景

2015年5月，中共中央、国务院发布《关于加快推进生态文明建设的意见》（中发〔2015〕12号文件）强调："良好的生态环境是最公平的公共产品，是最普惠的民生福祉。要严格源头预防、不欠新账，加快治理突出生态环境问题、多还旧账，让人民群众呼吸新鲜的空气，喝上干净的水，在良好的环境中生产生活。"[1] 为贯彻落实中央精神，2015年12月《关于全面提升生态文明水平促进国际一流和谐宜居之都建设的实施意见》由北京市委审议通过，其中明确指出："打造主要铁路干线和重要道路两侧绿色景观廊道，创新推动一道、二道绿隔建设，建成集中连片、互联互通的环城公园"，并且指出："将通过政府购买服务、PPP项目合作等方式加大支持力度，引导社会力量投入环境污染治理。"[2]

苏家坨镇位于北京市海淀区西北部，紧邻六环路，属北京市区。镇域内旅游资源丰富，西部沿山分布有凤凰岭景区、阳台山景区、鹫峰景区、汇通诺尔狂飚乐园及七王坟、九王坟、大觉寺等历史文

---

[1] 中华人民共和国中央人民政府门户网站：《中共中央国务院关于加快推进生态文明建设的意见》，http://www.gov.cn/gongbao/content/2015/content_2864050.htm，2015年4月25日。

[2] 北京市人民代表大会常务委员会门户网站：《本市即将发布的〈关于全面提升生态文明水平促进国际一流和谐宜居之都建设的实施意见〉》，http://www.bjrd.gov.cn/xwzx_1/xwkx/yfly/201512/t20151203_155989.html，2015年12月3日。

化古迹，东部平原地区有稻香湖景区，整体形成了集自然山水、历史人文、都市休闲、民俗旅游等为一体的旅游产业带[1]。该镇在2003年8月由原苏家坨乡、北安河乡、聂各庄乡三乡合并设立而成，镇辖面积为87.36平方公里，镇域内主干道路有六环路、北青路、温阳路、颐阳路，京密引水渠和稻香湖湿地是镇域内最大的水系[2]。

温阳路作为苏家坨镇的四大主干道之一，与16号地铁线纵横连接，其东侧林地附近人口稠密，交通便利，林地南端环绕有居民区、医院、商业街，林地西侧邻近学校、镇政府、人大、经济适用房区，可见温阳路东侧林地在改善该区域居民生活、生态环境及空气质量方面发挥着重要的作用。然而，原有林地规划混乱、景观落后、植被稀疏、林业资源开发和利用效率较低，并不能充分发挥其应有的价值和功能。所以，改造温阳路东侧林地成为北京市海淀区贯彻推行《关于全面提升生态文明水平促进国际一流和谐宜居之都建设的实施意见》，改善生态环境、提升居民生活质量的重要举措之一。

二 合作立项

北京市海淀区苏家坨镇直接负责林业规划、建设、改造、管护等相关绿化任务的公共部门是苏家坨镇林业工作站，根据国家林业局第39号令《林业工作站管理办法》规定："林业工作站是设在乡镇的基层林业工作机构，依法对森林、野生动植物资源实行管理和监督，组织和指导农村林业生产经营组织和个人发展林业生产，开展林业社会化服务"，"林业工作站由县级林业主管部门直接领导或者实行由县级林业主管部门和所在地乡镇人民政府双重领导的管理

---

[1] 《苏家坨镇》，https://baike.baidu.com/item/%E8%8B%8F%E5%AE%B6%E5%9D%A8%E9%95%87，2017年11月20日。

[2] 《苏家坨》，https://baike.baidu.com/item/%E8%8B%8F%E5%AE%B6%E5%9D%A8/2211282?fr=Aladdin，2017年11月20日。

体制"①。所以,苏家坨镇林业工作站的直接主管部门是苏家坨镇人民政府和海淀区园林绿化局。苏家坨镇林业工作站作为基层林业工作机构,在编工作人员13名,其中12名工作人员拥有大专以上学历,1名具有农林专业本科学历。

2016年2月苏家坨镇林业工作站开始正式着手治理温阳路东侧林地,温阳路东侧林地治理资金来源于苏家坨镇政府投资,并纳入镇政府财政预算。苏家坨镇林业工作站决定以"温阳路东侧林地改造提升工程"立项,计划通过公开招标的方式,选择专业的绿化公司作为合作伙伴来具体完成该项目的治理任务。

在"温阳路东侧林地改造提升工程"正式立项与公开招标之前,苏家坨镇林业工作站为此做了一系列准备。首先,工作站对温阳路东侧林地进行初步现场调研,估测林地计划改造提升的范围和需要达到的效果。其次,正式制定和设计林地改造提升的具体方案和实施图纸;该项工作由林业工作站委托给R设计研究院进行具体勘察设计并提交实施设计方案和预估造价。最后,林地改造提升工程具体实施设计方案和预估造价由苏家坨镇林业工作站和镇政府审核通过后最终得以正式立项。苏家坨镇林业工作站决定通过"委托招标"的方式,把该项目委托给专门从事招投标业务的S招投标公司进行公开招标。

三 合作达成

S招投标公司作为苏家坨镇林业工作站的公开招标代理人,根据林业站提交的温阳路东侧林地改造提升项目的具体实施方案和预估造价,负责该项目的公开招标任务。

主要程序一,S招投标公司通过"北京工程建设交易信息网"面向市场公开发布招标公告(见附件8-1)。

---

① 中华人民共和国中央人民政府门户网站:《国家林业局令第39号》,http://www.gov.cn/gongbao/2016-02/29/content_5046076.htm,2015年11月24日。

附件 8-1　温阳路东侧林地改造提升项目招标公告

1. 招标条件

本招标项目温阳路东侧林地改造提升项目，招标人为北京市海淀区苏家坨镇林业工作站，建设资金来自政府投资（资金来源），项目出资比例为100%。目前该项目已经符合招标条件，现开展本项目施工的公开招标。

2. 项目招标概况

2.1　该招标项目建设地点：北京市海淀区苏家坨镇温阳路

2.2　该招标项目工程概况：该工程位于北京市海淀区苏家坨镇温阳路东侧林地，建设规模为289000平方米，对该林地进行植被种植绿化，使林地具有更丰富的植物景观，为周边居民进行日常户外活动提供更理想的环境。

2.3　合同估算价×××（万元）

2.4　该招标项目的计划工期××日历天

2.5　该招标项目的标段划分（如果有）　／

2.6　招标范围：本次招标范围为工程范围内的绿化工程、庭院工程、电气工程等施工图纸显示的全部工程。

3. 投标人资格要求

3.1　投标人须具有政府相关部门颁发的营业执照，并且确保该法人实体为中华人民共和国境内注册，并且正常运营。

3.2　具有城市园林绿化贰级（含）以上企业资质，外埠企业须具备有效的城市园林绿化企业进京《备案证书》。

3.3　拟派本项目的项目经理须具有园林绿化相关专业初级及以上专业技术职称。

3.4　投标人资产运行正常，不存在破产或停业整顿现象。

3.5　投标人在近三年记录中并未有违约、骗标、质量安全等重大问题。

3.6　本次招标不接受联合体投标。

4. 投标报名

如有意参与该项目投标，请于2016年×月×日×时×分至2016年×月×日×时×分，在××××××××××地（S招投标公司）现场报名。

5. 招标文件的获取

5.1 获取时间和地点：2016年×月×日至2016年×月×日，每日×时×分至×时×分（北京时间），在××××××××××××地（S招投标公司）购买招标文件。

5.2 招标文件售价：××元/本，售后不退。

5.3 须携带法人委托书或单位介绍信以及经办人的身份证的原件和复印件购买招标文件。

6. 投标文件递交及开标

投标文件递交截止/开标时间：2016年×月×日×时×分整。

投标文件递交/开标地点：北京市××××××××（S招投标公司）。

7. 公告发布媒介

该项目招标公告在中国采购与招标网（发布公告的媒介名称）同步公布。

8. 联系方式

招标人：北京市海淀区苏家坨镇林业工作站招标代理机构：S招投标公司

地址：北京市海淀区苏家坨镇地址：北京市××××××

邮编：

联系人：

电话：

传真：

电子邮件：

开户银行：

账号：

日期：2016年2月3日

主要程序二，S招投标公司根据招标公告时间安排开始受理各市场主体的投标活动，在受理期间允许参与招标的公司自行组织勘验治理项目计划施工现场，招标文件的编制规范事先有统一的规定（见附件8-2），到投标报名截止时间，共收到7家从事园林绿化业务公司的投标文件。

附件8-2 投标文件编制规范

1. 投标文件编写语言和度量衡单位

1.1 与投标相关所有涉及的文件须使用简体中文。

1.2 与投标相关所有涉及的文件须使用中华人民共和国法定计量单位，文件特殊规定除外。

2. 投标文件组成

2.1 投标文件主要包括投标函（附录）、已标价工程量清单和施工组织设计。

2.2 投标函（附录）主要包含内容如下：

（1）投标函（附录）；

（2）法定代表人的身份证明书或者授权委托书（经由法定代表人身份证明的投标文件签署）；

（3）关于确保苗木供应的承诺。

2.3 已标价工程量清单

投标人须提交已标价工程量清单软件版和Excel版的电子文件

2.4 施工组织设计部分（副本为暗标）

参与投标的7家公司在提交投标文件的同时需要向S招投标公司支付5万元的投标担保，在S招投标公司事先公布的招标文件中有关于"投标担保"的明确规定（见附件8-3）。

附件8-3　投标担保

1. 投标人应在递交投标文件时提交金额为伍万元人民币的投标担保。

2. 投标担保的形式为支票、银行汇票、保函等。

3. 招标人把未按照招标文件规定按时交付投标担保金的投标人当作未响应招标文件要求的投标而予以拒绝。

4. 未中标的投标人的投标担保将在招标人与中标人签订施工合同后5日内予以退还。

5. 中标人的投标担保，在中标人与招标人签署施工合同后5日内予以退还。

6. 投标人交付的担保金如出现下列现象不予退还：

6.1 投标人在投标文件有效期限内单方面撤标的行为；

6.2 中标人拒绝按照招标文件的规定签署合同及协议书。

主要程序三，在规定时间内，S招投标公司接收投标公司的投标文件之后，开始组织开标工作。温阳路东侧林地改造提升项目开标时间与提交投标文件截止时间和地点在同一时间和地点公开进行，开标会由S招投标公司主持，并且开标过程遵循严格的流程，主要分为"宣布开标规则——公布投标期限内所接收的投标文件及投标人——检查投标文件密封情况并确定开标顺序——公布标底——按照开标顺序公开开标——记录开标过程并由所有参与人签字确认——开标结束"。

主要程序四，在公开开标结束后，S招投标公司针对各参与投标公司提交的投标文件协助开展评标活动，苏家坨镇林业工作站依法组建的评标委员会负责具体的评标工作。评标委员会的组成主要包括三个类别，即投标人、经济专家和技术专家，这些专家来源于北京市发展和改革委员会负责组建的"北京市评标专家库"随机抽取，本项目的评标委员会成员共5人，招标人代表0人，技术专家3

人，经济专家2人。

综合评标法是评标委员会所采用的主要评标方法，该评标方法对达到招标要求标准的投标文件根据评标办法进行评审和打分，满分100分，其中企业报价占60%，施工组织设计占40%，最后依据得分的高低顺序推荐排名靠前的投标人作为中标候选人，或者直接确定候选人（须受招标人授权）。针对出现综合评分相等的状况，可以优先选择投标报价相对低的一方，如果投标报价一致，那么招标人自己决定中标人选。评标委员会评标流程主要包括以下几个方面。

（1）评标准备。评标委员会签到及签署评标专家声明书；与投标人有利益关系的专家主动回避；熟悉招标文件和相关资料；投标人的资格审查（见附件8-4）。

附件8-4

投标人资格审查表

序号	项目内容	合格条件	投标人具备的条件及说明
1	企业营业执照	营业执照必须处在有效期内，且属于独立的法人实体	营业执照复印件（扫描件）、加盖投标人公章的开业状态的证明材料
2	企业资质	须具备城市园林绿化贰级（含）以上资质，进京备案书（外地企业条件）	加盖投标人公章的资质证书（进京备案证书）的复印件或扫描件
3	项目经理	须具备专业职称：园林绿化相关专业初级（含）以上；不能同时担任多项工程的项目经理	加盖投标人公章的专业技术职称的复印件或扫描件；加盖投标人公章、法定代表人签字或盖章的承诺证明书
4	生产经营状态	没有处于被责令停业，财产被接管、冻结，破产状态	投标人出具加盖投标人公章和法定代表人签字或盖章的承诺证明书
5	履约历史	投标资格未被取消；在最近3年内没有出现骗取中标、严重违约、重大工程质量、安全等问题	投标人出具加盖投标人公章和法定代表人签字或盖章的承诺证明书

续表

序号	项目内容	合格条件	投标人具备的条件及说明
6	安全生产承诺	申请人出具加盖申请人单位公章和法定代表人签字或盖章的承诺书	申请人出具加盖申请人单位公章和法定代表人签字或盖章的承诺书
7	财务报告	有近3年经会计师事务所或审计机构审计的财务会计报表的复印件,并加盖投标人单位公章	有近3年经会计师事务所或审计机构审计的财务会计报表的复印件,并加盖投标人单位公章

（2）施工组织设计暗标评审。在评标开始前，S招投标公司进行暗标处理，即对每个施工组织的设计准备匿名副本，并且对这些副本进行随机编号；然后评标委员会对匿名的暗标进行评审，评审方式遵循严格的程序和标准，评标委员会的所有成员分别对匿名暗标进行打分，并且将所得分值记录在专门的评审记录表中（见附件8-5）。

附件8-5

施工组织设计（暗标）评分表

序号	评分项目	评分标准		标准分值
1	施工方案与技术措施（8分）	方案科学、合理、可行，针对性强；重点、难点分析全面；技术措施（包括季节性施工）可靠、有保障；资源投入能够满足本工程的施工需要	优	6≤分值≤8
		方案合理、可行；重点、难点分析较全面；技术措施（包括季节性施工）基本可靠，但细节待完善；资源投入基本满足本工程的施工需要	良	3≤分值<6
		方案一般，重点、难点分析不全面；资源投入基本满足本工程施工需要	差	0≤分值<3

续表

序号	评分项目	评分标准		标准分值
2	质量目标和质量保证措施（5分）	质量目标符合招标文件的要求，质量控制计划和保障措施科学、合理、有效	优	3≤分值≤5
		质量计划和保障措施较合理，但细节待完善	良	2≤分值<3
		质量计划和保障措施一般	差	0≤分值<2
3	施工总体进度计划及保证措施（5分）	计划科学、合理，满足本招标项目的工期要求；保障措施科学、合理、可行，针对性强	优	4≤分值≤5
		计划较合理，保障措施基本可行，但细节待完善	良	2≤分值<4
		计划基本合理，保障措施一般	差	0≤分值<2
4	安全和文明施工保障措施（4分）	措施科学、合理、可靠，针对性强	优	3≤分值≤4
		措施合理	良	1.5≤分值<3
		措施一般	差	0≤分值<1.5
5	现场组织管理机构和劳动力计划及保障措施（4分）	组织机构设置合理，劳动力计划和施工队伍的选择能够满足本工程施工的劳动力需要，保障措施科学、合理、可靠、针对性强	优	3≤分值≤4
		组织机构设置基本合理，劳动力计划和施工队伍的选择基本能满足本工程施工的劳动力需要，保障措施基本合理，但细节待完善	良	1.5≤分值<3
		组织机构设置不合理，劳动力配置和施工队伍的选择一般，措施一般	差	0≤分值<1.5
6	投入施工机械设备配置（4分）	拟投入的施工机械设备的数量满足工程需要，配置科学合理，有针对性	优	3≤分值≤4
		拟投入的施工机械设备的数量基本满足工程需要，科学合理，针对性一般	良	1.5≤分值<3
		拟投入的施工机械设备的数量不能满足工程需要	差	0≤分值<1.5

续表

序号	评分项目	评分标准		标准分值
7	与发包人、设计人、监理人的协调与配合；突发情况应对预案以及风险处理方式（2分）	配合、协调、服务方案考虑全面；措施完善、科学、合理，针对性强	优	$1.5 \leqslant 分值 \leqslant 2$
		配合、协调、服务方案较全面；措施基本合理，但细节待完善	良	$1 \leqslant 分值 < 1.5$
		配合、协调、服务方案一般，措施一般	差	$0 \leqslant 分值 < 1$
8	工程保修管理的措施（4分）	措施科学、合理、可靠，针对性强	优	$3 \leqslant 分值 \leqslant 4$
		措施合理，但细节待完善	良	$1.5 \leqslant 分值 < 3$
		措施一般	差	$0 \leqslant 分值 < 1.5$
9	施工现场总平面布置（4分）	布置科学、合理、有序	优	$3 \leqslant 分值 \leqslant 4$
		布置较合理	良	$1.5 \leqslant 分值 < 3$
		布置较差	差	$0 \leqslant 分值 < 1.5$

（3）初步评审。初步评审包括形式评审和响应性评审，形式评审是评标委员会对参与投标公司的投标文件根据评标办法中规定的评审因素和评审标准进行评审，并且记录在评审记录表中（见附件8-6）。

附件8-6

初步评审表（形式评审）

工程名称：

序号	评审因素	评审标准	投标人名称及评审意见			
1	投标人名称	是否与资质证书、营业执照相符				
2	投标函签字盖章	须由法定代表或者委托代理人签字和盖章				
3	投标文件格式	符合投标文件中的相关规定和要求				
4	报价唯一	有效报价只能存在一个				

续表

序号	评审因素	评审标准	投标人名称及评审意见				
5	暗标	没有出现投标人的名称和其他可识别投标人的字符和徽标					
6	……						

形式评审结论：
通过形式评审标注为√；未通过形式评审标注为×

评标委员会全体成员签名：　　　　日期：　　年　月　日

响应性评审是评标委员会对参与投标公司的投标文件根据评标办法中规定的评审因素和评审标准进行评审，同时记录在评审记录表中（见附件8-7）。

附件8-7

初步评审（响应性评审）

工程名称：（项目名称）

序号	评审因素	评审标准	投标人名称及评审意见				
1	投标内容	与招标文件投标人须知相一致					
2	工期	与招标文件投标人须知相一致					
3	工程质量	与招标文件投标人须知相一致					
4	投标有效期	与招标文件投标人须知相一致					
5	投标保证金	与招标文件投标人须知相一致					
6	权利义务	与招标文件中合同条款相一致					
7	已标价工程量清单	与招标文件中规定工程量和计量单位相一致					
8	技术标准和要求	与招标文件中技术标准和要求相一致					
9	投标价格	与招标文件中规定价格相一致					
10	分包计划	与招标文件投标人须知相一致					
11	声明及承诺	与招标文件投标人须知相一致					

续表

序号	评审因素	评审标准	投标人名称及评审意见			
		响应性评审结论： 通过响应性评审标注为√；未通过响应性评审标注为×				

评标委员会全体成员签名：　　　　　日期：　　年　月　日

（4）投标报价评审。评标委员会负责对投标报价进行评审，评审方式主要依据科学的标准进行，评审的步骤主要分为：第一，从整体上矫正算术性的错误。第二，要评判投标人报价的合理性。第三，对所有投标文件中的评标价格和评标基准价进行核算。计算方法如附件8-8所示。

附件8-8　评标价格和评标基准价计算方法

评标价格＝各有效投标的投标总报价－招标文件给定的暂列金额（含税）合计金额－招标文件给定的专业分包工程暂估价（含税）合计金额。

当有效投标报价的家数大于5个（含）时：

评标基准价＝（各评标价之和－最高评标价－最低评标价）/（有效投标报价的家数－2）；

当有效投标报价的家数小于5个时：

评标基准价＝（各评标价之和）/（有效投标报价的家数）。

第四，计算有效投标报价的评标价与基准价的偏差率β。第五，根据有效投标报价的评标价与基准价的偏差率β所在范围及规定的分值确定投标人的投标报价得分（见附件8-9）。

附件 8-9

投标报价评分记录表（区间法）

工程名称：

评分标准		投标人名称及评审得分				
β值分布	分值	β	得分	β	得分	……	……
β值每高1%减5分，以此类推扣完为止						
+3% < β ≤ +4 %	40					
+2% < β ≤ +3 %	45					
+1% < β ≤ +2 %	50					
0% < β ≤ +1 %	55					
-1% < β ≤ 0 %	60					
-2% < β ≤ -1 %	57					
-3% < β ≤ -2 %	54					
-4% < β ≤ -3%	51					
β值每低1%减3分，以此类推扣完为止						

评标委员会全体签名：　　　　　日期：　年　月　日

（5）汇总评标结果。评标委员会根据评标标准对投标文件涉及内容进行计算加权得分，并且对评分进行汇总，最终按照加权平均分值由高到低进行排序（见附件8-10）。

附件 8-10

评标委员会成员评分汇总及排序表

工程名称：

序号	投标人单位名称及暗标编号	评委评分汇总		得分合计	排序
		施工组织设计得分	投标报价得分		

评标委员会全体签名：　　　　　日期：　年　月　日

（6）编写评标报告。评标委员会完成以上流程之后，按顺序推荐前三名为中标候选人，并且整理评审成果并编写书面评审报告。

主要程序五，S招投标公司根据投标委员会推荐的中标候选人及评标材料提交给苏家坨镇林业工作站，工作站拟定评标分数综合排名第一位的A公司为项目合作治理伙伴，向A公司发放中标通知书，中标通知书限定A公司在接到中标通知30天内到苏家坨镇林业工作站签订具体的合作协议。这标志着温阳路东侧林地合作治理的初步达成。

四 合作执行

合作协议签订以后，A公司作为合作治理项目的承包人开始具体执行温阳路东侧林地改造提升任务，合作协议中明确规定了A公司在合作治理项目执行中需要达到的具体目标和治理效果（见附件8-11）。该项目整体规模为289000平方米，改造提升范围为苏家坨镇林业工作站提供的施工图纸所显示的所有绿化工程、庭院工程、电气工程等内容，并且林业工作站对施工图纸做出了严格保密的规定：强调承包人不得复制施工图纸，不得对外泄密施工图纸所涉及的所有相关信息及内容，承包人对此负有一定的法律责任，并且由此造成的经济损失由承包人承担。

附件8-11 承包人工作

承包人依照合同规定所需完成的工作内容如下：

（1）按时提交工程计划及时间规定：交接施工图纸之后，承包人首先须在五天内制订并提交施工的总体进度安排和相关设备启动计划给发包人；在开工的十天前提交具体的施工计划；每周一须向发包人提交上周计划执行状况和本周的工作计划；每月二十五号之前提交该月的工作统计报表；并且在年后的五日内须提交年度的工作统计报表。

（2）承担施工安全保卫工作和非夜间施工照明、围栏设施的责任和要求：

承包人应采取一切必要措施加强对施工现场以及分包单位和其

他相关施工单位的施工安全管理，做好施工安全工作，加强施工现场保卫及非夜间施工照明，就本工程施工现场的施工安全和保卫向发包人全面负责，由此引发的一切纠纷均由承包人负责解决，给发包人造成损失的（包括但不限于发包人为此或督促承包人履行相关义务而支付的诉讼费、律师费、交通费等所有费用），应当赔偿发包人所遭受的损失。

（3）承包人须按照北京市施工现场相关的噪声、环卫、交通等要求办理相关施工手续，并且保证在施工过程中按照规定执行，因上述问题出现的工期延误损失以及相关费用支出由承包人承担。

（4）承包人应保证所承包工程在竣工验收、移交前，处于完好状态，并承担为保证其完好所发生的全部保护费用。

（5）须对施工现场的文物建筑、珍贵树种、地下管线等已存在物品做好保护工作，具体要求和承担费用：保护工作要符合相关各部门的管理要求。其中可以通过发包人提供的资料显示的，现场踏勘了解到的及应当预见部分的保护费用由承包人承担并已考虑在投标报价（合同价款）中，同时对因自身原因而造成的一切后果负责。

（6）须根据国家和北京市相关政府主管部门的规定做好施工过程中的环境卫生和保障文明施工；须在工程验收合格之后十日内把施工现场产生的临时设施、余土、垃圾、废弃材料等物品清理完毕；所需费用及因违反有关规定造成的损失和罚款由承包人承担。逾期清理的，发包人可委托他人清理，但是费用需要由承包人承担。

（7）承包人需要完成的其他工作如下：

A. 承包人须设置专门的由专业的技术人员和管理人员组成的施工现场项目经理部，并且向发包人提交组成人员的详细信息。经发包人确认后不可随意撤回或者更换。

B. 承包人负责施工区内临时设施、临时道路、水电管线安装和保养，所产生的费用由承包人负担。如由于承包人防护设施不当而产生的各种事故，其责任以及赔偿费用由承包人负责。在施工过程中不可避免损坏的公共设施须由承包人在工程竣工后负责予以恢复原貌，如果在规定时间内承包人没有进行修复，则由发包人进行修复，但修复所产生的费用由承包人承担。

C. 如承包人在施工过程中出现需要发包人予以配合的情况，须在施工总进度中明确提出，或者提前向发包人提出申请。

D. 承包人须明确勘察施工现场的现实情况，施工现场所搭建的临时设施费用已计入合同价款之中，结算以合同价款为准，特别是施工场地狭小发生的租用临时用地的费用及相关交通费，结算时不再调整。

E. 与其他承包人的配合。

承包人在工程施工中应服从和配合发包人及监理人对施工现场的总体协调管理，为其他施工承包人提供施工场地，并做好与其他施工承包人（如市政管网、房屋建筑等）的施工配合，相关费用已包括在投标报价（合同价款）中。

F. 负责整个标段范围内所有新种植树木的养护及现状保留树木的保护工作。

G. 负责本标段范围内工程施工期和养护期的安全保卫、防火工作。

H. 承包人应遵守发包人对施工进度和施工区域的整体规划和调控，服从发包人对施工进度、施工区域做出的调整（包括施工范围的增减）。承包人根据工期或政府、发包人对施工进度的调控，合理考虑苗木非季节施工措施，非季节施工措施费用已包括在合同价款中。

I. 承包人须保证施工过程中所涉及的技术与设备具有知识产权或者已获得知识产权人的授权，如因产权问题产生的纠纷须由承包人负责承担相应的法律、经济责任。

J. 维护标段内的设施和设备，使用标段内设备、设施造成损坏的由承包人承担修理和更换费用。

K. 承包人竣工验收后，进入养护期，养护期的工作主要对本标段范围内园林植物进行养护管理，包括对园林植物采取灌溉、排涝、修剪、防治病虫、防寒、支撑、除草、补植、中耕、施肥等工作内容。标段内新植苗木养护要求均严格执行北京市地方标准《城市园林绿化养护管理标准》（DB11/T213—2003）中壹级养护质量标准进行。

L. 本标段的工程水电费（包括养护期）由承包人承担，费用包含在投标报价中。

M. 本工程中所有混凝土均采用商品混凝土。

N. 本工程中苗木应严格按照清单中注明的要求进行采购，苗木为苗圃苗（特选苗木除外），不符合要求的发包人和监理人有权不予验收。

O. 施工单位在实施土壤改良时须单独报送开工报告及施工方案，经监理、甲方审批同意后，在监理监督下实施。

林业工作站作为合作治理项目发包方对A公司项目执行实施监理，而监理工作的开展并不是该林业工作站亲自执行，同样，苏家坨镇林业工作站以"温阳路东侧林地改造提升项目监理任务"立项，委托S招投标公司公开招标专业的工程监理公司来承接该项目的监理任务，经过与上述类似的公开招标、开标、评标等一系列程序后最终苏家坨镇林业工作站选定B监理公司负责承包温阳路东侧林地改造提升项目的监理任务。

林业工作站授予B监理公司对A公司在合作治理项目执行中的监理职权，监理职权具体要求主要包括：第一，对工程的进度、安全、质量、施工进行控制管理。第二，经由发包人授权行使的职权分为工期延误及工程损失的索赔权、进度变更审批权、合同价款调整权、责任事故处理权、设备材料价格确认权。同时，林业工作站与A公司作为发包人和承包人安排驻工地代表，林业工作站安排的驻工地代表的职责主要包括设计具体施工过程的相关指令、决定、批复、通知、投资控制、工程计量、处理洽商等发包人工作。A公司安排的驻工地代表主要负责按发包人代表批准的施工组织设计和施工作业计划、工期计划、质量目标和发包人代表根据合同发出的指令来组织施工，处理施工过程中一切管理事宜，代表承包人协调发包人、设计人、监理、造价等各方关系。

并且，林业工作站和 B 监理公司对 A 公司项目的执行过程开展"材料设备质量检验"和"隐蔽工程的中间验收工作"。材料设备质量检验主要是林业工作站、监理工程师对 A 公司项目执行过程中材料设备的治理、规格、性能等详细信息进行验收审查；隐蔽工程的中间验收工作的开展形式是在达到覆盖要求以前先由 A 公司自行进行检查，然后提前两天通知林业工作站、监理工程师检验，检验合格后进行覆盖，继续施工。

林业工作站对 A 公司项目执行进度设有明确的时间限度，规定工期具体时间为 2016 年 5 月 24 日到 10 月 15 日，共 145 天。并且要求 A 公司在每月的 25 日报告当月完成的工作量，监理工程师接到报告后 14 天内核实已完成的工程量。其中工程量计算仅限于施工图纸范围内，而超出施工图纸的工程量或者因承包人自身原因导致的重复工作量排除在计量外。

此外，林业工作站对项目执行中的工程变更和合同价款的调整也做出了相应的规定。工程变更规定如附件 8-12 所示。

附件 8-12　施工变更

1. 发包人有权在承包人施工过程中提出施工变更，承包人须按照发包人的正式变更通知对施工进行相应的变更。

2. 承包人也具有根据施工现实需要提出工程变更的权利，但是其所提出的变更申请必须经过发包人、设计人和监理工程师的批准后，得到变更通知后才可以具体实施变更。如果承包人提出工程变更要求，须经原设计人、发包人、监理工程师批准后方可实施，并签署设计变更通知。签署确认程序为：承包人提交变更通知单——发包人工程部和监理工程师、设计人对变更通知单做出评审，提出会审意见——发包人审定——设计人或承包人根据审核意见补充完善设计变更——原设计人、发包人、监理工程师签署设计变更通知——由发包人移交至：(1) 发包人工程管理部门；(2) 承包人；(3) 监理工程师。承包人如随意变更引发的工期延误或者工程返工损失由承包人自行承担。

3. 监理工程师只具有工程洽商变更确认的权利，而工程洽商变更所产生的经济费用最终由发包人签认之后方能生效。

同时，合同价款在施工变更以及相关变动的情况下也需要相应进行调整，具体如附件8-13所示。

附件8-13 合同价款调整范围

1. 设计变更、洽商；
2. 发包人提供的清单工程量与实际施工图纸工程量有差异的；
3. 发包人提供的工程量清单中错项、漏项、多项的；
4. 发包人以暂估形式列出的材料价格；
5. 发包人给出的专业工程暂估价；
6. 工程量清单中列出的项目，实际未施工的；
7. 施工过程中因不可抗力造成损失的；
8. 安全、文明施工费；
9. 其他项目清单中的总承包服务费；
10. 规费及税金；
11. 法律、法规及国家有关政策规定必须调整合同价款的。

同时，林业工作站对合作执行中的违约和争议也相应做出了明确规定（见附件8-14和附件8-15）。

附件8-14 违约责任

1. 由于任何一方违约给另一方所带来的损失，都应由违约方完全承担。
2. 承包人在施工过程中由于自身原因所导致的工程延误，承包方需要向发包方赔偿相应的损失。

3. 因承包人自身原因致使工程达不到质量要求的,应承担的违约责任:如达不到合同规定的质量标准,承包人必须返工修补以确保质量的合格,所产生费用由承包人完全承担;如仍然未达到质量标准,发包人可以通过委托第三方完成修复,其产生的费用由承包人承担。

4. 承包人违约应承担的违约责任:项目经理在工作日无故未到施工现场(以监理工程师提供的书面证明为准),承包人向发包人支付1000元/天的违约金额。如未征得发包人同意即擅自撤换项目经理,承包人需向发包人支付5万元/人次的违约金,违约金在当期工程进度款中扣除。在发包人认可的项目经理到任前,承包人向发包人支付5000元/天的违约金。

5. 如果工程质量与合同约定不符合,发包人有权根据有资质的权威质检机构的检验结果向承包人提出索赔(但责任应由保险公司或运输部门承担的除外)。

6. 承包人应承担在进行运输中对其他专业承包工程及工程现场周边设施造成的损坏所带来的相应赔偿责任。发包人为此支付的赔偿、诉讼及其发生的费用均应由承包人负担。

7. 承包人未及时履行保修义务,每违反一次,承包人应当向发包人支付违约金1000元。承包人未及时履行保修义务的,发包人有权聘请第三方进行相关维护,由此发生的费用由承包人承担。上述违约金及费用均可从工程质量保修金中扣除。

附件8-15　争议解决

双方在合同履行或项目工程施工过程中存在的争议主要通过协商予以解决,经双方协商无效的可以依法向工程所在辖区人民法院起诉解决。

五　合作终结

A 公司在项目执行截止日期的最后阶段完成了合作协议中所规定的林地改造提升任务，此时，林业工作站开启了对该项目的竣工验收工作。竣工验收的开展首先是 A 公司以书面形式通知林业工作站，并且向林业工作站提交完整的竣工材料和竣工验收报告。林业工作站与 B 监理公司、R 设计研究院共同根据 A 公司提交的竣工材料和报告进行竣工验收（见附件 8-16）。

附件 8-16

温阳路东侧林地改造提升项目竣工验收表

工程名称	温阳路东侧林地改造提升项目					
施工单位	A 公司	技术负责人	×××	开工日期	2016 年 05 月 24 日
项目经理	×××	项目技术负责人	×××	竣工日期	2016 年 10 月 15 日
序号	项目	验收记录			验收结论
1	分部工程				
2	质量控制资料核查				
3	安全和主要使用功能及涉及植物成活要素核查及抽查结果				
4	观感质量验收				
5	植物成活率				
6	综合验收结论				
参加验收单位	建设单位（公章）	监理单位（公章）	施工单位（公章）		设计单位（公章）
	苏家坨镇林业工作站 2016 年 10 月 15 日	B 监理公司 2016 年 10 月 15 日	A 公司 2016 年 10 月 15 日		R 设计研究院 2016 年 10 月 15 日

竣工验收结束后林业工作站根据合作协议进行结算 A 公司项目执行的相关款项，此时林业工作站只需要支付合同款项的剩余 20%，因为该合作治理项目的支付方式与工程进度相联系（见附件 8-17），

前80%款项已经在A公司项目执行过程中支付。

附件8-17　工程款支付方式

1. 合同生效后7日内，发包人向承包人支付合同价款（不包括其他项目清单中发包人部分的暂列金额、专业工程暂估价、安全防护、文明施工措施费、农民工工伤保险费）30%的工程预付款，再支付安全防护、文明施工措施费的100%。

2. 双方约定的工程款（进度款）支付方式和时间：

工程进度款按进度支付。承包人累计工作量占合同金额的60%后，发包人支付至合同价款（不包括暂列金额、专业工程暂估价以及已支付的安全防护、文明施工措施费和农民工工伤保险费，下同）的50%；承包人累计工作量占合同金额的90%，发包人支付至合同价款的80%。发包人支付工程款（含预付款）累计达到按第21.2款调整后（如果有）的合同价款（不包括暂列金额和专业工程暂估价）的80%时，发包人停止支付工程款。

3. 如经发包人书面同意承包人进行专业分包的工程，由承包人负责签订专业分包工程合同，其工程款由发包人拨付给承包人，承包人根据发包人拨款情况和分包合同约定的付款条件和时间及时向分包人拨付工程款。在发包人依据合同约定按时付款的条件下，如果承包人不按前述条件支付分包款，同时在又不能说明正当理由的情况下，发包人有权采取措施保证分包工程款的合理支付。

在进行结算的同时，林业工作站保留了工程结算价的5%作为工程质量保修金，同时要求A公司承担该项目工程在保修期限内的保修责任，具体保修范围包括绿化种植工程养护期一年、道路广场工程和其他附属工程保修期分别为两年。如果在该项目保修期内A公司未尽到保修职责，比如A公司在接到维修通知后推脱维修责任，此时林业工作站可以将维修任务委托给第三方，而由此产生的维修费用则直接从质量保修金中扣除；如果A公司在保修期限内及时保质履行保修职责，保修期限结束林业工作站将一次性向 A 公司返还其所交付的质量保修金。

到此，温阳路东侧林地改造提升项目的合作治理走向完结，A 公司在限定时间内完成了合作协议中规定的温阳路东侧林地改造提升任务，通过竣工验收结果为"合格"，林地周边生态环境和居民的生活质量得到一定程度的改善。

第二节 公共资源合作治理机制的案例解析

温阳路东侧林地改造提升项目作为一个描述性案例，比较完整地呈现了公共部门和私营部门在具体公共资源项目的合作治理过程，是国家治理现代化进程中公共资源合作治理模式的典型缩影。实践案例背后反映的公共资源合作治理机制各组成部分得到何种程度的体现还需要进行深入剖析。

一 主体关系解析

该案例中所涉及的合作主体主要包括苏家坨镇林业工作站、S 招投标公司、R 设计研究院、A 公司、B 监理公司。苏家坨镇林业工作站是项目的确立者和发包人，S 招投标公司受林业工作站委托对项目进行公开招标，R 设计研究院负责设计项目改造提升的具体方案和实施图纸，A 公司通过参与竞标获得该项目的承包权，B 监理公司通过参与该项目的监理竞标获得代表林业工作站对 A 公司的项目执行履行监管职责。

具体如图 8-1 所示，林业工作站基于政策导引和居民生态环境改善的迫切需要确立温阳路东侧林地改造提升项目，具体的设计方案与实施图纸来自于受其委托的 R 设计研究院，林业工作站与 A 公司并不是直接的"委托—代理"关系，而是委托专业从事招投标业务的 S 招投标公司负责项目的公开招标形成间接的"委托—代理"

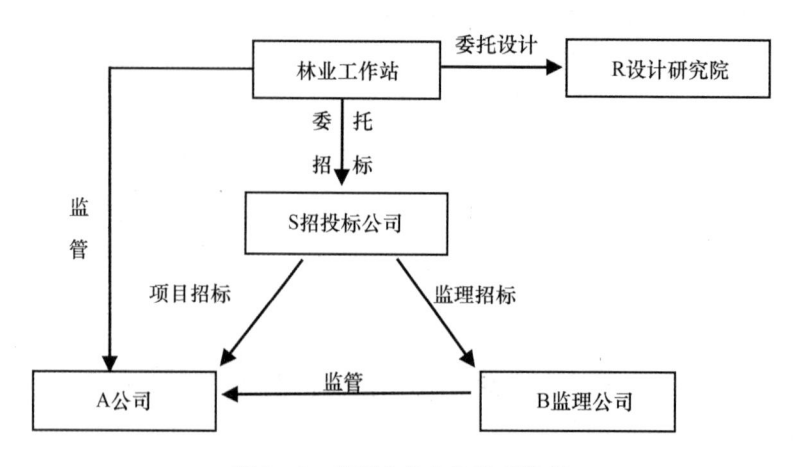

图 8-1 案例中各主体关系模型

关系，同时把对该项目的监理任务也委托 S 招投标公司进行公开招标。A 公司通过参与竞标获得该项目的承包权，同样竞标胜出的 B 监理公司代表林业工作站履行对 A 公司项目执行过程的监管。

林业工作站作为公共资源合作治理主体中的公共部门在该公共资源项目合作治理中处于主导地位，A 公司的角色定位是林业工作站治理方案的执行者。主要表现在：第一，该合作治理项目的识别和确立完全由林业工作站决定；第二，受林业工作站委托 R 设计研究院所提交的具体方案和实施图纸是根据其治理要求进行设计并审核通过；第三，A 公司在合作治理项目执行过程中必须严格按照与林业工作站签订合作协议中的实施图纸进行施工，比如案例中提到"对承包人超出设计图纸范围和因承包人原因造成返工的工程量，并不计量在工程范围内"，即使迫于施工客观需要修改的部分也必须得到林业工作站的确认和许可；第四，B 监理公司代表林业工作站具体实施对 A 公司项目执行的监管工作，而代理监管工作的范围主要涉及对 A 公司设备材料质量标准的审核、工程量的核算以及施工进度等方面的常规监管任务，而涉及项目条款的修订以及项目施工进程的确认权由林业工作站直接派遣的驻工地代表负责。

此外，从博弈论的角度分析，在 A 公司具体执行合作治理项目进程中，林业工作站与其监管代表 B 监理公司事实上形成了合作博弈的关系，出于"有限理性"经济人行为假设，A 公司具有减少项目实施成本以获得最大化部门利润的动机，在执行过程中可能会出现降低材料使用质量标准、偏离合作协议规定实施图纸要求的潜在倾向，林业工作站及 B 监理公司则通过一系列程序对 A 公司项目执行过程进行监管以杜绝上述倾向的产生，比如林业工作站和 B 监理公司对 A 公司项目的执行过程开展"材料设备质量检验"和"隐蔽工程的中间验收工作"。

二 工具选择解析

从资金来源上看，温阳路东侧林地改造提升项目属于100%政府投资，并纳入苏家坨镇政府预算，苏家坨镇林业工作站具体负责该项目的治理任务。而案例中"苏家坨镇林业工作站作为基层林业工作机构，在编工作人员 13 名，其中 12 名工作人员拥有大专以上学历，1 名具有农林专业本科学历"，可以看出要改造提升 289000 平方米的林地，林业工作站现有人员配置并不具备直接治理的能力，所以，林业工作站必然推行合作治理模式，发挥私营部门的技术和专业优势，实现公共部门与私营部门中的优势互补。

在具体的合作治理工具选择方面，林业工作站委托专业从事招投标业务的 S 招投标公司面向市场进行公开招标筛选合作治理伙伴，公开招标的优势在于能够充分利用市场竞争机制以最低的支付获得技术条件相对较优的项目执行效果。S 招投标公司属于专门从事代理招投标业务的公司，它通过发布招标公告、接收招标文件、组织开标及评标等一系列公开招标程序推荐出评标得分前三名的候选人，由林业工作站审核并最终确定合作伙伴。并且，林业工作站的监理工作也委托 S 招投标公司通过公开招标，最终确立专业从事工程监理业务的 B 监理公司代表其履行对 A 公司项目执行过程的监理。同时，该项目的公开招标也借助"北京市建设工程信息网"同步发布招标公告以及中标公示。

可见，该公共资源合作治理机制的工具选择综合运用了传统时代下以市场化为基础的合作治理工具（公开招标）和大数据时代公共资源治理网络平台（中国采购网和北京市建设工程信息网）。公共资源治理网络平台既为项目招标公告及中标公示等信息的传播提供了便利的工具，也为各市场主体公平参与公共资源合作治理创造了条件。

林业工作站作为主导该项目的公共部门，在合作治理工具的选择过程中也遵循着公共价值导向。从工具本身来说，公开招标这一市场化的合作治理工具，充分发挥了市场在资源配置中的优势，经过公开招标最终选择的项目合作伙伴也是参与竞标的投标人中最能胜任该项目执行的人选。因为从评标内容中可以看到，评标方法采用的是综合评标法，满分100分，其中施工组织占40分，报价占60分，A公司最后以综合评分排名第一取得该项目的执行权。也说明了在达到相同合作治理效果的前提下，林业工作站选择A公司执行治理任务能够花费更少的政府支出。可见，虽然林业工作站选择市场化的合作治理工具，并没有削弱其项目执行的公共价值导向，相反，其充分利用市场竞争机制的优势在公共资源合作治理中创造更好的公共价值。

三 制度安排解析

制度安排是温阳路东侧林地改造提升项目合作治理机制构成的重要支撑。首先，该项目的立项是贯彻实施中共中央、国务院《关于加快推进生态文明建设的意见》和北京市《关于全面提升生态文明水平促进国际一流和谐宜居之都建设的实施意见》文件的实践举措，并且上述文件中明确提出："将通过政府购买服务、PPP项目合作等方式加大支持力度，引导社会力量投入环境污染治理。"这种从中央到地方的法律政策规定为温阳路东侧林地改造提升项目合作治理模式的推行提供了制度上的支持。

其次，从该项目合作治理机制设计本身的制度安排上分析，温阳路林地改造提升项目属于政府投资，A公司通过参与公平竞标获得该项目的承包权，并通过按期完成林业工作站既定的施工任务和绿化效果以相应获得利润收入，而此项目的合作得益分配中，林业工作站所获得的是生态环境和周边居民的生活质量的改善。可见，在该项目合作得益分配中A公司获得的是表现为价格的利润收入，林业工作站获得的是表现为项目完成所实现的公共价值。如前文分析，该案例中的合作得益分配制度安排中，林业工作站把项目执行进度与项目支付相挂钩，这相当于把项目执行与企业利润绑定在一起，A公司按时保质完成项目执行任务才能获得相应的支付回报。

除了合作得益分配制度安排以外，该项目合作治理机制的制度安排还设置了利益冲突协调制度，比如在合作协议中明确了双方的违约责任，规定任何一方违反合作协议的约定均应承担由此给对方造成的损失，同时明确规定了在合作治理项目执行过程中林业工作站与A公司发生争议由双方当事人协商解决，经双方协商无效的可以依法向工程所在辖区人民法院起诉解决。可见，在利益冲突协调制度安排中双方秉承了平等的原则，双方通过协商解决争议或者通过法律途径维护自身的权益。

四 机制运行解析

北京市《关于全面提升生态文明水平促进国际一流和谐宜居之都建设的实施意见》明确提出："打造主要铁路干线和重要道路两侧绿色景观廊道，创新推动一道、二道绿隔建设，建成集中连片、互联互通的环城公园环"，"将通过政府购买服务、PPP项目合作等方式加大支持力度，引导社会力量投入环境污染治理"，这为温阳路东侧林地改造提升项目合作治理模式的开展提供了直接的政策导向。自改革开放以来，中国特色社会主义市场经济得到不断发展和完善，市场在资源配置中的作用也逐渐由补充作用、基础作用上升为决定性的作用。并且面临日益复杂和充满不确定性的社会环境以及人民日益增长的多元化公共服务需求，苏家坨镇林业工作站专业人才的欠缺迫切需要吸纳具有专业技术优势的私营部门力量共同治理公共资源，从而为人民提供充足的公共物品和公共服务。以上成为温阳路东侧林地改造提升项目合作治理机制运行的条件。

根据案例所示，该项目合作治理机制运行主要包括了四个环节，即项目确立、项目达成、项目执行和项目终结。

第一，项目确立环节：林业工作站通过初步现场调研估测林地计划改造提升的范围和需要达到的效果，委托 R 设计研究院进行勘察设计具体实施方案和预估造价；林地改造提升工程具体实施设计方案和预估造价由苏家坨镇林业工作站和镇政府审核通过后最终得以正式立项，并委托 S 招投标公司面向市场进行公开招标。

第二，项目达成环节：为代表林业工作站选择市场最优的合作伙伴，S 招投标公司通过五个程序进行公开招标任务，即公开发布招标公告→受理各市场主体的投标文件→组织开标→开展评标→向林业工作站推荐中标候选人和提交评标材料；最终林业工作站确定综合评分排名第一的 A 公司为合作伙伴，并签订具体的合作协议。

第三，项目执行环节：林业工作站与 A 公司分工明确，A 公司按照合作协议中明确规定的施工图纸和具体方案执行林地改造提升任务，林业工作站主要负责对 A 公司项目执行的监管，而监管任务的具体执行由同样通过公开招标选中的 B 监理公司负责，林业工作站同时派出驻工地代表作为项目执行监管的总负责人，B 监理公司的项目监管任务和权限受其直接领导，并且在该环节中对合作协议的修订也做出了具体的规定，即明确了由林业工作站或者 A 公司项目执行中发起有关协议施工变更的程序以及相应的合同价款调整的方式和范围。

第四，项目终结环节：A 公司按期完成温阳路东侧林地改造提升项目，B 监理公司、R 设计研究院协助林业工作站开展对 A 公司项目执行的"竣工验收"，验收合格进行结算，并预留工程结算价的5%作为工程质量保修金。可见该项目合作治理机制运行中主体角色定位明确，林业工作站处于主导地位，R设计研究院负责具体方案设计，A公司负责项目具体执行，B监理公司负责对A公司项目执行的监理。R设计研究院、A公司与B监理公司都与林业工作站形成"委托—代理"关系。

五 风险规制解析

针对温阳路东侧林地改造提升项目合作治理进程中潜在的风险如何进行规制，林业工作站和委托授权的B监理公司推行了有益的尝试。

首先，林业工作站尽可能详细地把项目执行过程中可能存在的风险问题分条款纳入拟定的合作协议中（见附件8-11），并且事先详细说明了风险发生后的主要责任人和赔偿事宜，拟定的合作协议经双方主体签字确认后具有法律效力和行为约束力。其次，在招标过程中规定每个参与投标的市场主体必须缴纳5万元的投标担保金，这在一定程度上保障了投标的有效性，增加了市场主体参与"围标"行为的成本。再次，评标工作开展的专业性和公正性。一方面具体评标工作由招标人、技术专家和经济专家共同组成的评标委员会负责，这些专家来源于北京市发展和改革委员会负责组建的"北京市评标专家库"随机抽取，评标委员会成员共5人，其中技术专家3人，经济专家2人，评标委员会成员与投标人并无利益关系。另一方面评标委员会在评标过程中采用"技术暗标"评标手段，评标委员会成员对经过匿名随机编号的投标文件进行审议打分，并最终进行排名，推荐中标候选人。可见，评标人的专业性加上匿名评标这种双重保障措施有利于规制合作治理机制中存在的寻租腐败与规制俘获的风险。

此外，林业工作站在应对信息不对称和不确定性风险诱因方面也做出了相应的规制措施。在应对信息不对称方面，林业工作站在合作协议中明确规定 A 公司须在收到图纸 5 天内向林业工作站提交工程总进度安排以及在开始施工的 10 天前提交具体的施工计划；每周一应提供前一周计划完成情况及本周的工作计划；当月工作量统计报表在每月 25 日前提交；年后 5 日内提交年度工作量完成统计报表。在应对不确定性风险方面，林业工作站在合作协议中保留有补充条款的权利，其在最后一条规定："本合同未尽事宜，双方另行签订补充协议，补充协议是本合同的组成部分。"并且规定了项目执行竣工的质量保修期，以工程结算价的 5% 作为质量保修金要求 A 公司在约定的项目保修期内承担项目质量的保修责任。可见，双方签订的正式合作协议从本质上看属于不完全协议，这为应对项目执行所产生的各种风险的规制留有完善空间，质量保修期与预留保修金的规制举措客观上保障了 A 公司项目执行中的质量效果。

第三节　实践案例与理论分析框架存在的差异

温阳路东侧林地改造提升项目是笔者实地调研中具有代表性的公共资源合作治理实践案例，前文各个章节的理论研究是笔者在国内外公共资源合作治理已有研究的基础上建构的公共资源合作治理机制理论层面的分析框架。如果说实践案例是"实然"，那么理论分析框架就是"应然"。上一节的案例剖析正是实然与应然的比较分析，可以发现，实践案例与理论分析框架各个组成部分存在着一定的差异。

一　主体关系上的差异

通过对实践案例与理论分析框架的比较分析，主体关系上的差异主要概括为两个方面，即权力边界的限度和博弈方式的选择。权力边界限度方面：围绕实践案例温阳路东侧林地改造项目合作治理机制的主体关系中，林业工作站处于主导地位，它主导着项目的识别与立项，在通过委托公开招标最终确立 A 公司为中标人后，林业工作站与 A 公司正式建立合作治理关系。在该项目合作治理中，林业工作站的权力边界在于对 A 公司项目执行过程的监管，A 公司的权力边界在于按时保质地完成林业工作站提交的具体施工图纸所包含的全部内容，多出的工作量并不计入结算支付之中。而在理论分析框架主体关系中论证公共部门占主导地位的前提下，应适当赋予私营部门裁量权"有限共享"，这种裁量权主要体现在生产裁量、收益裁量、偏好裁量，生产裁量增加了私营部门在项目执行中技术选择的灵活性，收益裁量给予了私营部门技术创新的动力，偏好裁量权确定了私营部门合作选择的自由权利。

博弈方式选择方面：实践案例中 A 公司负责合作治理项目的执行，林业工作站和 B 监理公司共同监管 A 公司的项目执行过程，由于 B 监理公司受林业工作站委托直接对林业工作站负责并协助其开展监理工作，在此监管主体仍然简化分析为林业工作站。林业工作站在合作协议中明确规定了对 A 公司违约行为发生所做出的相应惩罚，A 公司出于追逐部门利润的动机，在项目执行中具有摆脱监管、扭曲执行的倾向，可见林业工作站与 A 公司是这种"监管"与"被监管"的博弈关系走向的是一种"零和博弈"，A 公司扭曲执行项目带来的是自身私利的增加，直接损害的是项目本身所带来的公共利益。而在理论分析框架主体关系中论证公共部门与私营部门的合作博弈最终导向的是主体间的"激励相容"，激励相容的实现依靠的是基于"Shapley value"博弈方式设计，即私营部门在合作治理得益中的分配按照其在合作行动中的贡献率来进行结算，这相当于把私营部门自身的行动直接与其最终的收益挂钩，并且自身行动的投入贡献与收益分配额成正相关，这在一定程度上实现了主体间关系的"激励相容"。

二 工具选择上的差异

根据实践案例与理论分析框架的比较分析，二者工具选择上的差异主要体现在以下两个方面，即合作治理工具选择的优化组合和大数据公共资源平台的选择。合作治理工具选择搭配方面：实践案例中温阳路东侧林地改造提升项目合作治理工具是公开招标，林业工作站通过委托专业从事招投标业务的 S 招投标公司负责公开招标任务，并且除了项目本身进行委托公开招标选择合作伙伴外，林业工作站对项目执行的监理工作也同时委托 S 招投标公司进行公开招标，北京市级公共资源大数据平台仅仅发挥了发布招标公告和中标通知的功能，可见林业工作站在该项目合作治理过程中采用的合作治理工具选择优化组合程度不高，在通过公开招标这种"合同外包"工具来选择合作伙伴和履行监管职责的过程中并没有充分发挥公共资源大数据平台的功能。在理论分析框架中，公共资源合作治理工具的选择主张多种合作治理工具的搭配和优化组合，它既包括传统时代合作治理工具类别内部不同治理工具之间的搭配，也包括传统时代合作治理工具与大数据时代合作治理工具的优化组合。特别是大数据时代合作治理工具的使用并不仅仅限于发布公告信息，而且还包括基于大数据技术的查询、分析、预测功能。

大数据公共资源平台选择方面：实践案例中该项目在公开招标中选择使用的大数据时代合作治理工具是"北京市工程建设交易信息网"，该大数据平台是隶属于北京住房和城乡建设委员会的北京建设工程承包发包交易中心的门户网站，也是北京市公共资源交易工程建设分平台，但是该项目的招标公告等相关信息并没有同时发布在"全国公共资源交易平台"上。可见，该项目只选择了地方性的大数据公共资源平台，这在一定程度上增加了在京企业的地域优势，而不利于全国范围市场主体公平参与该项目的市场竞标。而在理论分析框架中主张贯彻落实《国务院办公厅关于印发整合建立统一的公共资源交易平台工作方案的通知》（国办发〔2015〕63 号文件）规定，"在全国范围内形成规则统一、公开透明、服务高效、监督规范的公共资源交易平台体系，基本实现公共资源交易全过程电子化"①，由国家发展和改革委员会指导和国家信息中心主办的"全国公共资源交易平台"在国务院文件贯彻落实过程中扮演着实践者的角色，它汇集了国家、省、市三级，覆盖了全国各地区的公共资源合作治理方面的数据信息。所以，大数据公共资源平台的选择不但包括地方性平台还需要同步运用全国性统一的平台。

三 制度安排上的差异

实践案例中温阳路东侧林地改造提升项目合作治理机制的制度安排与理论分析框架中制度安排相比较，也存在着一定的差异，具体主要表现在合作得益分配和利益冲突协调制度规则的具体设计以及整体制度系统的安排两个方面。合作得益分配和利益冲突协调制度规则具体设计方面：实践案例中合作得益分配制度规则的设计原则主要是林业工作站把项目执行进度与项目支付相挂钩，这相当于把项目执行与企业利润绑定在一起，A 公司按时保质完成项目执行任务才能获得相应的支付回报，超出施工图纸外的工作量不纳入支付范围，林业工作站合作得益表现为项目本身所带来的公共价值；利益冲突协调制度规则设计主要是合作主体按照合作协议中的违约处置条款协调或者通过向人民法院起诉予以解决。而在理论分析框架论证中合作得益分配制度的设计主要依据合作博弈中的有效解"Shapley value"原则，即分配所得与合作行动中自身的贡献成正比，这种设计方式的宗旨在于充分调动私营部门项目执行的主观能动性；利益协调冲突制度规则的具体设计中在规避主体间信息沟通不对称的前提下设置由公共部门、私营部门、第三方评估主体组成的公共资源合作治理委员会，为公共部门与私营部门利益冲突的解决提供

---

① 中华人民共和国人民政府门户网站：《国务院办公厅关于印发整合建立统一的公共资源交易平台工作方案的通知》，http://www.gov.cn/zhengce/content/2015-08/14/content_10085.htm，2015 年 8 月 14 日。

常态化的协调平台。

整体制度系统安排方面：在公共资源合作治理实践案例项目中可以发现，其制度安排的整体系统设置主要集中正式制度层面，并且正式制度仅涉及合作得益分配制度和利益冲突协调制度。而在理论分析框架中认为公共资源合作治理制度安排整体系统是正式制度、非正式制度与执行制度的有机整合，正式制度安排除了合作得益分配制度和利益冲突协调制度以外，还包括公共资源产权制度和过程监督激励制度，非正式制度安排包括组织文化、信任关系、合作惯例与隐形契约，执行制度包括信息反馈制度、程序规范制度、执行考核制度和责任追究制度；正式制度安排对公共资源合作治理主体行为施加的是外在性的强制约束，它构成了公共资源合作治理行动的核心规则架构，非正式制度作为一种"软约束"起到了补缺的功能，它在正式制度安排所没有涉及的领域发挥作用，执行制度作为一种"硬约束"有利于保障制度安排本身的有效推行。

四 机制运行上的差异

实践案例项目合作治理机制运行过程虽然与理论分析框架基本一致，它们都包括项目的准备、达成、执行、终止四个主要环节，但是在准备、达成、终止这三个环节所包含的主体内容存在一定的差异。首先在准备环节，实践案例项目在准备环节核心任务是项目立项，林业工作站通过委托 R 设计研究院正式勘察与设计项目实施的具体方案和施工图纸，方案图纸以及预估造价经林业工作站和镇政府审核通过后，该合作治理项目正式立项；而根据理论分析框架在准备环节中的论证，除了项目立项以外，还需要搭建配套的管理机制服务于公共资源合作治理项目的进一步开展。

其次在项目达成环节，实践案例项目在该环节的核心任务在于选择合作伙伴以签订正式的合作协议，实践案例中林业工作站把合作伙伴的选择委托给 S 招投标公司进行公开招标，根据评标排名确定招标人后组织签订合作协议，正式合作协议完全由林业工作站拟定，中标的 A 公司只是合作协议签订的被动方；而在理论分析框架论述中主张合作协议条款分为固定条款和可协商条款，可协商条款的确定可以引入私营部门的参与，通过与私营部门的磋商，最终签订更加符合执行实际的具有激励性的合作协议。

最后在终止环节，实践案例在该环节的核心任务主要集中在竣工验收和项目结算，B 监理公司、R 设计研究院协助林业工作站开展对 A 公司项目执行的"竣工验收"，验收方式为是否达到合作协议图纸规定标准，验收合格进行结算，并预留工程结算价的5%作为工程质量保修金。而理论分析框架中主张通过结果绩效考核以及遵循"Shapley value"（夏普利值）激励原则进行竣工验收与结算，对超额完成的工程量给予一定奖励，同时公共部门需要根据该环节对已完成的公共资源合作治理项目中的经验与教训进行分析总结、建立档案，并且基于公共资源合作治理投入的资产专用性特点，把私营部门的合作治理项目执行绩效评估结果纳入后续合作治理项目合作伙伴的选择考评之中。

五　风险规制上的差异

实践案例中林业工作站的风险规制体系与理论分析框架中建构的风险规制体系相比较，也存在着一定的差异，这种差异主要体现在风险规制体系设置的完整性。在实践案例中可以发现，林业工作站风险规制措施主要集中在四个方面：一是把执行过程中可能出现的风险问题以及责任归属纳入合作协议；二是在评标过程中组建由随机抽取的专家组成评标委员会负责评标和运用技术暗标评标法进行评标；三是对 A 公司项目执行实行常态化监管和过程控制，即要求 A 公司每周一提供本周的工作计划以及前一周计划完成情况和每月 25 日前提交当月工作量统计报表；四是合作协议留有补充的空间以及限定项目完工后的质量保修期，预留工程结算价的5%作为质量保修金。

实践案例中的风险规制措施的核心基点在于明晰风险责任分担和打破信息不对称壁垒这种常规性的规制。而理论分析框架中论证公共资源合作治理机制风险规制措施的核心除了常规性以外还要突出规制的专业性，即主张全面推行风险管理和培养公务人员专业能力。风险管理是专门针对风险本身开展的专业化的规制模式，即通过构建逐步递进的风险感知系统、风险评估系统和风险决策系统，从而为公共资源合作治理机制过程中的不确定性因素所导致的风险进行专业化规制。公务人员专业化能力的培养是应对后工业时代公共资源合作治理日趋复杂化和技术化的客观要求，它主要包括定时定期开展公务人员专业能力培训、完善公务人员录用的人才结构和开展与智库、科研机构的常态联动。可见，风险规制既要包括常规性规制手段也需要提升专业性规制能力，常规性与专业性规制措施的结合才是完整的风险规制系统。

第四节　理论分析框架对实践改进存在的启示

理论研究来源于实践，同时理论研究价值的实现也在于更好地服务于实践。根据上文实践案例与理论分析框架研究的比较分析可以发现，与理论分析框架研究相比较，实践案例分析在公共资源合作治理机制的各个组成部分都存在一定的差异，存在差异说明公共资源合作治理实践还有进一步改进的空间，理论分析框架研究最终的价值意义也主要体现在对实践改进能够提供一定的启示指引。

一　主体关系上的启示

当前中国在公共资源合作治理实践中的主体关系主要体现为公共部门处于绝对的主导地位，参与合作治理的私营部门角色扮演的是"公共部门意志的执行者",即在达成的合作协议中公共部门详细列出了该项目所需达到的具体计划、标准与蓝图,私营部门所需要做的正是把合作协议规定的内容逐步付诸实践,超出合作协议以外的工作量只能算作私营部门内部的单方面成本。实践中的主体关系优势在于公共部门能够掌控公共资源合作治理项目的执行进程,以保障项目合作治理既定公共价值目标的达成,但是它的局限性在于对私营部门项目执行精细化的掌控易于限制私营部门专业技术以及创新能力的充分发挥。

而在理论分析框架主体关系研究中提出在公共部门占主导地位的前提下适当赋予私营部门裁量权的"有限共享",对改进当前公共资源合作治理实践中的主体关系具有一定的启示意义。"有限共享"区别于"平等共享",裁量权的有限共享并没有改变主体关系中公共部门的主导地位,公共部门依然决定着公共资源合作治理项目的确立以及在项目执行监管中负有不可推卸的职责。裁量权的有限共享主要包括生产裁量权、收益裁量权以及偏好裁量权的有限共享,这相当于在公共资源合作治理实践中增加私营部门合作行动的灵活性和创造性,改变公共资源合作治理"目标总量"控制为"目标基准线"控制,即既定的合作治理目标设置为最低需达到的基准,超出基准线以上的完成量给予私营部门一定比例的收益分配。

此外,实践改进可以借鉴理论分析框架中有关主体间合作博弈"激励相容"的博弈规则设计,即基于"Shapley value"的博弈方式设定,私营部门在合作治理得益中的分配按照其在合作行动中的贡献率来进行结算,把私营部门自身的行动直接与其最终的收益挂钩,并且自身行动的投入贡献与收益分配额成正相关。这种改进方式正是利用了私营部门追逐部门利润收益的本质属性,使其逐利的行为通过高效达成公共资源合作治理目标予以实现。

二　工具选择上的启示

当前实践中公共资源合作治理工具选择日益趋向于市场化的合作治理工具，比较典型的合作治理工具选择正是本章案例中通过公开招标推行的"合同外包"。公共部门自身或者委托专业的招投标公司负责公开招标合作伙伴，由中标人获得公共资源项目的承包权，进而与公共部门达成合作治理关系，在此过程中公共资源大数据平台功能发挥比较单一，仅仅用作项目招标信息传播的媒介，并且，全国公共资源大数据平台整合程度不高，招标信息的发布也有偏向于地域性的倾向。而理论分析框架主张公共资源合作治理的市场化工具与大数据工具的优化组合对实践中合作治理工具的选择具有一定的启示意义。

所以，实践中公共资源合作治理工具选择的改进方向在于克服当前出现的市场化工具应用普及而大数据工具开发与应用程度不高的局面，以实现市场化工具与大数据工具的优化组合。具体改进启示包括两个方面：其一，进一步提升大数据技术在公共资源平台中的应用程度，开发和完善公共资源平台的多重功能。公共资源平台的定位不仅是作为公共资源合作治理项目信息传播的媒介，而且还应该为合作治理主体提供数据分析与风险预测的现代化工具。因此，公共部门可以通过与大数据技术研发机构合作，提高公共资源平台的大数据技术含量以拓展其应用价值，打造具有功能丰富、操作简易、运用灵活的公共资源平台。其二，整合不同层级的公共资源平台，制定规范的公共资源平台使用规则。功能完善的公共资源平台搭建为公共资源合作治理大数据工具的应用提供了硬件基础，而硬件功能的实现关键还在于拥有充足的数据资源。所以其客观上要求整合不同层级的公共资源平台，链接与打通国家、省区、市三级大数据平台的大数据服务终端，实现不同层级公共资源平台的应用功能协调、数据同步共享。此外与平台建设相配套，还需要在制度顶层设计上制定公共资源平台整合以及应用方面的法律制度规范，明确规定平台整合的范围方式以及应用中的操作原则和规范，从而为平台整合与应用提供法律上的依据和政策上的支持。

三 制度安排上的启示

制度安排是公共资源合作治理机制的重心，而当前公共资源合作治理实践中的制度安排与理论分析框架相比较，其主要差距在于制度安排完整性方面的不足。理论分析框架中提出了完整的制度安排系统不但包括正式制度，而且还包括非正式制度和执行制度。正式制度是对公共资源合作治理主体行为施加的是外在性的"硬约束"；非正式制度发挥着补缺的功能，它对合作治理主体行为是一种"软约束"；执行制度是保障制度执行的制度，它发挥着监督与矫正正式制度执行偏差的功能。这种正式制度、非正式制度与执行制度"三位一体"的制度安排系统对改进公共资源合作治理实践中的制度安排具有一定借鉴价值。

正式制度安排设计主要分为公共资源产权制度、合作得益分配制度、利益冲突协调制度和过程监督激励制度。公共资源产权制度方面，当前在国家法制建设层面并没有颁布专门针对公共资源产权的法律法规，上位法的缺失也使具体公共资源合作治理实践中的制度安排缺少必要的法律依据，所以公共资源产权制度安排首先需要在国家法制建设层面研究制定专门的公共资源产权法律，通过自上而下推行实施从而为公共资源合作治理实践提供上位法支撑。在合作得益分配制度方面，可以借鉴合作博弈中的有效解"Shapley value"原则，与合作治理主体关系中的"激励相容"设计思路相一致。在利益冲突协调制度方面，设置公共资源合作治理委员会，为公共部门与私营部门利益冲突的解决提供常态化的协调平台。在过程监督激励方面，通过设立以物质激励、精神激励为重点的正向激励与负向激励相结合制度规则，从而在过程监督的同时也能够激发合作治理主体行为的主观能动性。

理论分析框架中公共资源合作治理机制的非正式制度是由文化、关系、惯例、信念等一系列约定成俗的行为准则的集合，具体包括组织文化、信任关系、合作惯例和隐性契约，区别于正式制度的强制性特点，这些约定成俗的非正式制度安排对公共资源合作治理主体的合作行为产生潜移默化的影响。而非正式制度的形成是合作治理主体行为实践长期积累演化的结果，所以在公共资源合作治理实践中公共部门可以做出以下几方面的努力：其一，在尊重社会主义市场经济运行规律的条件下进一步放松对私营部门市场准入的行政规制，有选择的扩大公共资源合作治理的领域，逐步培育"小政府，大社会"式的公共资源合作治理文化。其二，在与私营部门合作治理互动中通过预设的可信性许诺（利润回报、信用升级）和可信性威胁（经济制裁、信用降级）等互动规则逐步建立互动双方的良性信任关系。其三，公共部门自身也需要转变公共资源治理观念，公共资源治理方式由直接治理的"管制惯例"向由公私部门合作治理的"合作惯例"转变。其四，在公共资源合作治理项目正式协议拟定中对私营部门潜在的机会主义和道德风险行为做出强制性的约束，从而为合作治理主体自觉履行合作协议这种"隐性契约"的形成提供前提条件。

此外，制度功能发挥的关键不仅在于制度的设计，而且还在于制度能否得到有效执行，执行制度设置的目的正是用于解决制度执行的问题。所以，制度安排上的实践改进还需要引入相应的执行制度以保障公共资源合作治理正式制度安排能够得到有效的落实。参照理论分析框架中的执行制度安排，公共部门首先要建立完善的信息反馈制度，保障合作治理进程中公共部门与私营部门信息反馈与沟通的顺畅。其次，制定明确的执行程序规范，把公共资源合作治理机制正式制度安排的执行过程细分为具体的执行程序，有利于降低制度执行过程中的交易成本。再次，建立完善的制度执行考核制度，实行过程考核与结果考核相链接，在整体上把执行考核制度分为执行前、执行中和执行后考核三个逐渐递进的阶段。最后，确立长效的责任追究制度，责任追究制度以监察部门的强制性权力为基础，对在公共资源合作治理实践中出现的制度执行问题追究相关负责部门或者负责人的行政责任、法律责任和经济责任。

四 机制运行上的启示

机制运行主要体现在公共资源合作治理的具体项目之中，根据前文实践案例与理论分析框架的差异分析可以发现，在机制运行所包含的准备、达成、执行与终结四个环节中，理论分析框架在准备环节、达成环节、终结环节三个方面对实践改进具有一定的启示。

在准备环节：公共资源合作治理项目识别和立项的同时需要搭建配套的管理机制服务于公共资源项目的评估、审核、工具选择与监管；该管理机制一方面在成员搭配上由公共部门代表和聘请的技术专家共同组成，以提升公共部门职能履行的有效性和专业性，另一方面在功能设置上定位为公共资源项目在各环节的运行提供协助服务，以保障公共部门在公共资源合作治理过程中各项职责的顺畅履行，节约机制有效运行的交易成本。

在达成环节：当前公共资源合作治理实践项目的达成主要集中在合作协议的签订，而在合作协议的拟定以及具体合作治理任务方面完全由公共部门负责，缺乏激励性，私营部门处于被动地位，其主观能动性的发挥受到限制。理论分析框架主张增强合作协议内容拟定的灵活性和私营部门的参与性对公共资源合作治理实践改进具有一定的借鉴意义。所以当前公共资源合作治理实践改进可以借鉴以上经验在合作协议的拟定过程中把具体条款分为固定条款和可协商条款，固定条款内容属于为了保障公共利益和公共价值目标而设立项目执行不可进行协商的原则性任务，可协商条款则是涉及公共部门与私营部门开展合作治理中比较灵活的条款内容，私营部门作为执行方更了解项目执行中的实际问题，该类条款的制定通过引入私营部门的参与，与私营部门进行协商谈判，最后达成具有激励作用和执行可行性的合作协议。

在终结环节：当前公共资源合作治理实践主要停留在对私营部门项目执行的竣工验收和结算，竣工验收一般通过组织专家评审和现场勘验的形式审核私营部门是否达到既定项目目标，验收合格后进行结算，并限定项目质量保质期。而理论分析框架中的验收结算方式以及项目延展性方面对实践改进具有一定的启示。一方面在项目验收结算中采取绩效评估的方式进行，绩效评估不但要考评私营部门执行结果是否达到既定目标，而且还需要把超额完成既定目标的部分在结算中给予一定的奖励；另一方面对已完成的公共资源合作治理项目中的经验与教训进行分析总结、建立档案，并且由于公共资源合作治理投入具有资产专用性特点，可以把私营部门的合作治理项目执行绩效评估结果纳入后续合作治理项目合作伙伴的选择考评之中。

五　风险规制上的启示

风险规制是公共资源合作治理机制运行的重要保障，在公共资源合作治理实践中对风险的规制措施一般包括纳入合作协议中的责任约定和违约处置以及对私营部门项目执行过程进行直接或者委托监理公司间接监管。可以发现，这种常规性风险规制措施多是属于"事后规制"，其规制效果必然也是有限的；而理论分析框架认为完整的风险规制系统不仅需要常规性的规制，而且还要求突出风险规制的专业性，专业性的规制措施主要包括全面推行风险管理和培养公务人员专业能力，这对公共资源合作治理机制风险规制的实践改进指明了具体方向。

所以风险规制的实践改进需要公共部门在风险管理和培养公务人员专业能力方面做出努力。与常规性的"事后规制"措施相比，风险管理重在突出"事前规制"的特点，主要包括三个递进系统：风险感知系统、风险评估系统和风险决策系统。风险感知系统的关键在于风险信息的掌握，公共部门可以设立专门的风险信息监测机构，由专职的风险监测人员负责收集和监测公共资源合作治理机制各环节的信息，监测机制运行的动态进而对潜在风险的发生做出预警；风险评估系统根据风险预警对识别出的具体风险进行分析，以判定各类风险发生的可能性，公共部门基于概率分析测算已感知的公共资源合作治理机制各种风险发生的概率由高到低对其进行排列分级；风险决策系统主要是在公共资源合作治理机制各种风险发生概率评估的基础上为应对风险所做出的行为决策，公共部门在风险决策中综合各类风险发生的概率以及风险可能造成的各种形式的损失和规制风险各种方式所付出的成本进行预估，从而确定规制风险的最优决策。

公务人员专业能力的培养是提升实践中公共资源合作治理机制风险规制专业性的基础支撑，结合理论分析框架结果，公务人员需要提升的专业能力具体包括项目评估审核能力、合约管理能力、大数据技术应用能力。以上公务人员专业能力的提升首先需要公共部门根据各项能力的基本要求制订具有针对性的培训计划并付诸常态化实施；其次公共部门需要优化公共资源治理部门人员录用的人才结构，相应拓展技术性专业人才的录用比例；最后，开展与专业智库、科研机构的长期合作，为公务人员的专业能力培训以及在公共资源项目立项、审核、评估、监管等专业领域提供技术支持。

第九章

研究结论与研究展望

第一节 研究结论

梳理和总结全书研究,研究结论可以归纳为四个方面。

结论1:公共资源与合作治理具有内在关联性,公共资源是合作治理内含的核心治理对象

"公共资源"的概念界定为厘清公共资源与合作治理的内在关联奠定了前提。目前学术领域与实践领域对"公共资源"并没有公认的统一界定。在学术领域国内外学者分别从经济学、法学、公共管理学对公共资源进行了不同层面的界定,而实践领域由于国家法律法规暂未对公共资源做出明确界定,各级地方政府在公共资源治理实践中对"公共资源"做出了实用性的界定,该类界定往往超越公共资源的"实物形态",把公共服务、公共物品等非实物形态的资源类别纳入公共资源的范畴。本书在结合学术领域与实践领域成果,尝试对"公共资源"概念做出以下界定:公共资源是指国家与社会共享,且由公共部门代为治理或者提供的涉及公共利益与社会利益的生产要素集合。其可以分为"原生性公共资源"和"衍生性公共资源"两个层面,原生性公共资源主要涉及有关公共利益及社会利益的自然资源层面,衍生性公共资源主要涉及公共部门在履行公

管理职能过程中所提供的公共服务、公共物品及准公共物品层面。

根据对公共资源的界定可以发现,公共资源本身正是公共行政研究的核心对象,如孙柏瑛所言:"公共行政的演进与其说是人类解决公共问题、改善普遍福祉的实践运动过程,不如更确切地说,是人类不断探索公共资源有效分配智慧、构建社会发展终极价值的心灵漫旅","合作治理"是当代国内外公共行政理论研究与实践改革的重要命题。所以,公共资源与合作治理具有内在关联性,公共资源是合作治理的核心治理对象,合作治理的追求目标正是在于通过公共部门与私营部门的合作行动对公共资源进行优化配置,进而增进人民公共利益和社会共同福祉。

结论2:公共资源合作治理是新时代国家治理现代化的必然选择

公共资源与人民日益增长的美好生活需要息息相关,政府在社会治理过程中如何向人民提供充裕的公共资源,其中包括高效的公共服务和优质公共物品,是国家治理在社会领域所需要履行的重要任务。合作治理并非是完全照搬西方"合作治理"理论的话语体系,中国合作治理中的多元主体所体现的是"政府主导、多元参与",这种实质性改变不但有利于削减西方国家"合作治理"理论所呈现出的参与各方主体博弈成本损耗的固有弊端,而且可以从根本上保障合作治理项目公共利益价值目标的实现。这是在当前中国社会经济迅速发展的背景下社会治理模式变迁的结果,它与国家治理现代化建设存在着内在的逻辑关系。合作治理是国家治理现代化在社会治理领域的集中体现,公共资源合作治理模式是政府部门践行国家治理现代化建设、满足人民日益增长的美好生活需要、为人民提供高效优质的公共服务和公共物品的必然选择。

结论3:宏观建构和微观解析了公共资源合作治理机制的分析框架

本书的重心并不是研究特定某种公共资源的合作治理问题,而是探究公共资源合作治理机制,其实质是"机制设计问题"。如何进行机制设计,一方面在宏观上建构公共资源合作治理机制的分析框架，另一方面需要在微观上针对分析框架的各个组成部分进行解构剖析。

宏观上建构的公共资源合作治理机制分析框架主要包括主体关系、工具选择、制度安排、运行机理、风险剖析与实践案例，其中主体关系、工具选择、制度安排、运行机理、风险剖析构成了公共资源合作治理机制设计的理论分析框架，实践案例是实践案例与理论分析框架的对比检验。该理论分析框架实质上阐释了公共资源合作治理的"机制设计"所涉及的核心问题，主体关系是公共资源合作治理机制分析框架的前提，工具选择是公共资源合作治理开展的媒介，制度安排是公共资源合作治理机制的重心，运行机理是探究公共资源合作治理机制的运作原理，风险剖析是公共资源合作治理机制稳定运行的保障。

在微观层面上分别对公共资源合作治理机制的各组成部分，即主体关系、工具选择、制度安排、运行机理、风险剖析进行机制设计。研究显示，主体关系表现为公共部门主导的以裁量权有限共享为基础的公共部门与公私部门的合作博弈关系；工具选择注重市场化的合作治理工具与大数据治理工具的优化组合；制度安排体现为正式制度、非正式制度与执行制度安排功能与结构的有机整合；运行机理表现为公共资源合作治理项目由准备环节、达成环节、执行环节到终止环节的一系列过程；风险剖析则针对风险产生的诱因提出明晰风险责任分担、打破信息不对称壁垒、全面推行风险管理和培养公务人员专业能力的路径选择。

结论4：公共资源合作治理机制分析框架能够有效指导公共资源合作治理实践的改进

从公共资源合作治理机制的主体关系到风险剖析属于机制设计的理论建构，它在"应然"层面进行了公共资源合作治理的机制设计，而实证调研中所选取的典型案例是当前公共资源合作治理实践中的"实然"机制设置。通过应然机制设计与实然机制设置的对比剖析可以发现公共资源合作治理机制分析框架对于改进当前公共资源合作治理实践的改进具有一定的指导意义。公共部门推行公共资源合作治理的原始动机在于通过公共部门与私营部门在合作行动中的优势互补，以最小成本实现最优治理效果的公共利益目标。

通过实践案例与理论分析框架对比研究发现，公共资源合作治理实践与理论分析框架中的机制设计存在着一定的差距，这些差距主要体现在主体关系、工具选择、制度安排、运行机理和风险剖析五个层面，所以，公共资源合作治理的实践改进也主要从以上五个层面出发。第一，主体关系层面：公共部门一方面要赋予私营部门裁量权的"有限共享"，以增进私营部门合作行动的灵活性和创造性；另一方面基于"Shapley value"的博弈方式设定，改进公私部门在公共资源合作治理行动中的博弈规则，以促进公共资源合作治理过程中的"激励相容"。第二，工具选择层面：公共部门不但要实现不同类型合作治理工具的优化组合，进一步提升大数据技术在公共资源平台中的应用程度，开发和完善公共资源平台的多重功能，而且还要整合不同层级的公共资源平台，制定规范的公共资源平台使用规则。第三，制度安排层面：要促进公共资源合作治理制度安排的完整性，建立正式制度、非正式制度与执行制度"三位一体"的制度安排系统。第四，运行机理层面：首先在合作协议设计中引入固定条款和可协商条款的划分方式，以增加合作协议的适应性和激励性；其次在项目验收中引入绩效评估方式，绩效评估不但要考评私营部门执行结果是否达到既定目标，而且还需要把超额完成既定目标的部分在结算中给予一定的奖励，并且把绩效评估结果纳入后续合作治理项目合作伙伴的选择考评之中；最后对已完成的公共资源合作治理项目中的经验与教训进行分析总结、建立档案。第五，风险剖析层面：公共部门一方面要全面推行风险管理，建立完善的风险感知系统、风险评估系统和风险决策系统；另一方面要进一步提升公务人员的项目评估审核能力、合约管理能力和大数据技术应用能力。

第二节　研究展望

合作治理不但限于公共资源实践领域，而且是世界各国发展以及人类社会进步所客观面临的恒久命题。本书研究的公共资源合作治理机制分析框架从宏观上解构了当前公共资源合作治理机制设计所内涵的重要组合部分，并尝试提出各组成部分在理论层面如何进行机制设计的思路，这对当前公共资源合作治理实践改进具有一定的启示意义。然而公共资源合作治理必然具有时代印记，具体机制的设计和推行还取决于其所依附时代赋予的政治、经济、文化与社会环境的共同作用，并且公共资源合作治理机制也是一个在实践中不断建构和完善的过程，所以这在客观上决定着本书研究存在进一步拓展的空间。

一方面，公共资源合作治理机制规则设计的弹性化。机制的运作最终依靠的是一系列保障和规范公共资源合作治理行动的规则。规则发挥着稳定秩序的功能，而自人类社会由工业文明逐渐步入后工业文明的进程中，高度不确定性和复杂性成为当前公共资源合作治理所面临的典型制约因素，以确定性的规则去应对不确定性的公共资源合作治理现实，必然会步入"力所不及"的窘境。所以，如何通过弹性化的公共资源合作治理规则设计，使其既能保障公共资源合作治理的稳定性，又能够有足够的弹性来容纳由各种不确定性因素所导致的新情况和新问题。这是本文需要进一步拓展研究的一个重要方向。

另一方面，国内外公共资源合作治理实践案例的比较研究。由于现实资源和客观条件的限制，本书研究的调研工作主要集中在国内，通过对北京、厦门等地从事公共资源合作治理的公共部门公务人员和私营企业的工作人员进行访谈和具体合作项目的跟踪调查，最终选取了北京市的一个完整性和代表性兼具的公共资源合作治理项目进行精细化的案例剖析。该案例详尽展现了当前国内公共资源合作治理的实践现状，为公共资源合作治理分析框架的对比验证提供了依据，然而，本书只做了分析框架与国内实践案例的对比，遗憾的是并没有进行国内实践案例与国外实践案例的对比分析。所以，通过实地调研与发掘国外完整的公共资源合作治理项目典型案例，并与国内典型案例进行比较研究，分析二者的机制差异，归纳对国内公共资源合作治理实践改进的有益启示，是本书需要进一步拓展研究的另一个重要方向。

参考文献

一 中文著作

陈瑞莲、刘亚平：《区域治理研究：国际比较的视角》，中央编译出版社2013年版。

陈潭：《大数据时代的国家治理》，中国社会科学出版社2015年版。

陈潭：《治理的秩序：乡土中国的政治生态与实践逻辑》，人民出版社2012年版。

陈天祥：《基层治理中的国家与社会：角色、动力与行为》，中山大学出版社2015年版。

陈振明：《政府改革与治理——基于地方实践的思考》，中国人民大学出版社2013年版。

陈振明：《政府工具导论》，北京大学出版社2009年版。

董保民、王运通、郭桂霞：《合作博弈论：解与成本分摊》，中国市场出版社2008年版。

冯仕政：《当代中国的社会治理与政治秩序》，中国人民大学出版社2013年版。

冯占民：《城市群低碳发展的合作治理创新研究》，人民出版社2014年版。

海涛、爱华：《政府采购管理》，北京大学出版社2008年版。

黄新华：《公共经济学》，清华大学出版社2014年版。

黄璇：《寻求合作共治：当代中国治理的价值取向与哲学阐释》，北京大学出版社2015年版。

金江军、郭英楼：《互联网时代的国家治理》，中共党史出版社 2016 年版。

敬乂嘉：《多中心治理：分权、合作与创新》，上海人民出版社 2015 年版。

赖先进：《论政府跨部门协同治理》，北京大学出版社 2015 年版。

雷晓明、赵成、王永杰：《中国公共资源问题：理论与政策研究》，西南交通大学出版社 2011 年版。

李培林：《社会改革与社会治理》，社会科学文献出版社 2014 年版。

李善民：《公共资源的管理优化与可持续发展研究：基于广州市水资源的应用分析》，广东科技出版社 2007 年版。

梁戈敏：《中国政府采购道德风险及其规避》，经济科学出版社 2011 年版。

柳新元：《利益冲突与制度变迁》，武汉大学出版社 2002 年版。

麻宝斌：《公共治理理论与实践》，社会科学文献出版社 2013 年版。

毛寿龙：《规则与治理：理论、现实与政策选择》，浙江大学出版社 2014 年版。

彭宗超、马奔、刘涛雄：《合作博弈与和谐治理：中国合和式民主研究》，清华大学出版社 2013 年版。

屈泽中：《大数据时代小数据分析》，电子工业出版社 2015 年版。

任志涛：《PPP 项目合作治理及其互动机制研究》，化学工业出版社 2015 年版。

邵忠顺、王小清、王丰：《基于博弈理论的烟农服务合作社治理研究》，中国农业出版社 2012 年版。

施锡铨：《合作博弈引论》，北京大学出版社 2012 年版。

孙波：《公共资源的关系治理研究》，经济科学出版社 2009 年版。

孙立新：《风险管理：原理、方法与应用》，经济管理出版社 2014 年版。

田国强：《经济机制理论：信息效率与激励机制设计》，商务印书馆 2001 年版。

汪锦军：《走向合作治理：政府与非营利组织合作的条件、模式和路径》，浙江大学出版社2012年版。

王欢明：《基于合作治理的公交服务效益研究——以上海公交服务为例》，同济大学出版社2015年版。

王文杰：《公有企业民营化》，清华大学出版社2005年版。

吴稼祥：《公天下：多中心治理与双主体法权》，广西师范大学出版社2012年版。

吴军：《智能时代：大数据与智能革命重新定义未来》，中信出版社2016年版。

吴岚：《风险理论》，北京大学出版社2012年版。

夏建中：《中国城市社区治理结构研究》，中国人民大学出版社2012年版。

薛曜祖：《城乡公共资源优化配置的制度安排研究》，中国财政经济出版社2014年版。

燕继荣：《国家治理及改革》，北京大学出版社2015年版。

杨光斌：《习近平的国家治理现代化思想：中国文明基体论的延续》，中国社会科学出版社2015年版。

俞可平：《国家治理评估——中国与世界》，中央编译出版社2009年版。

俞可平：《论国家治理现代化》，社会科学文献出版社2014年版。

袁振龙：《社会管理与合作治理》，知识产权出版社2013年版。

张康之：《合作的社会及其治理》，上海人民出版社2014年版。

张康之：《走向合作的社会》，中国人民大学出版社2015年版。

张维迎、林毅夫：《政府的边界》，民主与建设出版社2017年版。

张学龙、高中伟：《公共资源交易监督管理的探索与实践》，四川大学出版社2015年版。

赵黎明、吴文清：《科技企业孵化器与创投：合作治理及政策研究》，中国经济出版社2013年版。

赵树凯：《乡镇治理与制度化》，商务印书馆2010年版。

周小亮：《深化体制改革中的利益兼容问题探索》，商务印书馆 2007 年版。

朱宪辰：《自主治理与扩展秩序：对话奥斯特罗姆》，浙江大学出版社 2012 年版。

诸大建：《合作的治理：诸大建学术日记（2014）》，同济大学出版社 2015 年版。

二 中文论文

安徽省财政厅公共资源（资产）管理课题组：《日本、新加坡公共资源（资产）管理研究》，《中国财政》2010 年第 20 期。

蔡晶晶：《公共资源治理的理论构建——埃莉诺·奥斯特罗姆通往诺贝尔经济学奖之路》，《东南学术》2010 年第 1 期。

蔡岚：《合作治理：现状和前景》，《武汉大学学报》（哲学社会科学版）2013 年第 3 期。

蔡岚：《缓解地方政府合作困境的合作治理框架构想——以长株潭公交一体化为例》，《公共管理学报》2010 年第 4 期。

蔡小慎、刘存亮：《公共资源交易领域利益冲突及防治》，《学术界》2012 年第 3 期。

操小娟：《合作治理的法律困境和出路》，《武汉大学学报》（哲学社会科学版）2008 年第 2 期。

曹现强、宋学增：《市政公用事业合作治理模式探析》，《中国行政管理》2009 年第 9 期。

陈安宁：《公共资源政府管理初论》，《资源科学》1998 年第 2 期。

陈国栋：《作为公共资源配置方式的行政合同》，《中外法学》2018 年第 3 期。

陈纪：《京津冀地区民族互嵌式社区建设与公共资源支持保障研究》，《中国行政管理》2018 年第 10 期。

邓可斌、丁菊红：《转型中的分权与公共品供给：基于中国经验的实证研究》，《财经研究》2009 年第 3 期。

冯秀华、杨瑞金：《巴西政府公共资产管理及启示》，《中国财政》2006年第4期。

宫笠俐、王国锋：《公共环境服务供给模式研究》，《中国行政管理》2012年第10期。

顾小林、李磊：《基于SOA公共资源ROT网络交易模式研究》，《生产力研究》2009年第17期。

韩方彦：《公共资源的经济属性分析》，《理论月刊》2009年第3期。

韩方彦：《中国公共资源管理存在的问题及对策》，《理论月刊》2009年第5期。

何立胜、杨志强：《内部性·外部性·政府规制》，《经济评论》2006年第1期。

侯琦、魏子扬：《合作治理：中国社会管理的发展方向》，《中共中央党校学报》2012年第1期。

胡舒扬、赵丽江：《新制度供给与公共资源治理——埃莉诺·奥斯特罗姆的理论分析》，《学习与实践》2015年第10期。

黄建伟、刘军：《社会治理变革中的合作治理：辨析、建构与展望》，《湖南社会科学》2019年第1期。

黄新华：《公共服务合同外包中的交易成本：构成、成因与治理》，《学习与实践》2013年第6期。

黄新华：《政府管制、公共企业与特许经营权竞标——政府治理自然垄断问题的政策选择分析》，《东南学术》2006年第1期。

黄新华：《政治交易的经济分析——当代西方交易成本政治学述评》，《厦门大学学报》（哲学社会科学版）2009年第5期。

纪杰：《公共资源交易平台新探索：基于重庆市JB区的个案研究》，《电子政务》2013年第11期。

敬义嘉：《从购买服务到合作治理——政社合作的形态与发展》，《中国行政管理》2014年第7期。

句华：《公共服务合同外包的适用范围：理论与实践的反差》，《中国行政管理》2010年第4期。

李兰：《公共财政视角下的城市公共资源整合的目标与原则》，《经济研究导刊》2007年第2期。

李绍飞：《公共资源交易平台建设提速》，《瞭望》2015年第34期。

李胜、裘丽：《基于"过程—结构"视角的环境合作治理模式比较与选择》，《中国人口·资源与环境》2019年第10期。

李燕、唐卓：《国有企业利润分配与完善国有资本经营预算——基于公共资源收益全民共享的分析》，《中央财经大学学报》2013年第6期。

李政、陈从喜、曹庭语：《矿业权有形市场建设及其与公共资源交易平台关系探讨》，《国土资源情报》2013年第5期。

林燕新：《珠海：公共资源配置市场化》，《产权导刊》2010年第1期。

刘进田：《论以国家治理现代化为核心的新理论体系及其价值旨趣》，《社会科学辑刊》2018年第1期。

刘俊杰：《推进国家治理现代化制度比较优势研究》，《理论探讨》2019年第6期。

刘仁彪：《防治腐败要求改革公共资源管理体制》，《江西财经大学学报》2005年第4期。

刘尚希、樊轶侠：《公共资源产权收益形成与分配机制研究》，《中央财经大学学报》2015年第3期。

刘尚希、吉富星：《公共产权制度：公共资源收益全民共享的基本条件》，《中共中央党校学报》2014年第5期。

刘细良、樊娟：《基于公共资源配置的腐败形成机理分析》，《湖南大学学报》（社会科学版）2010年第4期。

龙莉：《试论我国公共资源招投标管理体制的改革与创新》，《经济问题探索》2011年第8期。

卢小君、蔡小慎、魏晓峰等：《寻租视角下公共资源交易领域中的利益冲突防治》，《领导科学》2013年第10期。

卢元芬：《国家治理现代化的法团主义路径探析》，《治理研究》

2018年第2期。

陆军：《地方公共产品空间研究导论：一个即将的前沿领域》，《河北大学学报》（哲学社会科学版）2010年第5期。

吕同舟：《政府职能转变的理论逻辑与过程逻辑——基于国家治理现代化的思考》，《国家行政学院学报》2017年第5期。

潘照新：《国家治理现代化中的政府责任：基本结构与保障机制》，《上海行政学院学报》2018年第3期。

蒲志仲：《略论自然资源产权界定的多维视角》，《经济问题》2008年第11期。

任保平：《公共资源的市场化：内涵、制约因素及其培育对策》，《当代经济研究》2000年第12期。

史云贵、欧晴：《社会管理创新中政府与非政府组织合作治理的路径创新论析》，《社会科学》2013年第4期。

史云贵：《论合作治理中的合作理性》，《社会科学战线》2019年第11期。

宋飞、燕娜、杜秋颖：《浅析公共资源政策选择对经济增长的影响》，《经济研究导刊》2015年第4期。

苏晓春：《厦门市公共资源配置市场化改革的探索》，《中国财政》2010年第3期。

孙肖远：《国家治理现代化的中国逻辑》，《江海学刊》2019年第4期。

谭淑豪、王济民、涂勤等：《公共资源可持续利用的微观影响因素分析》，《自然资源学报》2008年第2期。

谭英俊：《公共事务合作治理模式：反思与探索》，《贵州社会科学》2009年第3期。

唐兵：《论公共资源网络治理中的信任机制》，《理论导刊》2011年第1期。

唐俊：《拉美"私营化"的经验教训及其对中国的借鉴——以公路为案例的公共产品提供模式再思考》，《拉丁美洲研究》2009年第

3 期。

唐文玉:《合作治理:权威型合作与民主型合作》,《武汉大学学报》(哲学社会科学版) 2011 年第 6 期。

汪伟全:《空气污染的跨域合作治理研究——以北京地区为例》,《公共管理学报》2014 年第 1 期。

汪永福:《论地方公共资源交易的反竞争与公平竞争——基于 X 省公共资源交易规范性文件的实证考察》,《社会科学》2018 年第 11 期。

王丛虎:《公共资源交易平台整合的问题分析及模式选择——基于交易费用及组织理论的视角》,《公共管理与政策评论》2015 年第 1 期。

王丛虎:《公共资源交易综合行政执法改革的合法性分析——以合肥市公共资源交易综合行政执法改革为例》,《中国行政管理》2015 年第 5 期。

王家合、赵喆、柯新利:《公共服务合作治理的主要模式与优化对策》,《中国行政管理》2018 年第 11 期。

王军:《论公共资源交易中电子招标系统的完善》,《行政与法》2015 年第 5 期。

王莉:《控制行政管理支出,优化公共资源配置》,《中国统计》2007 年第 9 期。

王晓鹏、卫小淇、王丛虎:《"互联网+"视角下我国整合建立统一的公共资源交易平台策略研究》,《电子政务》2019 年第 11 期。

王志刚:《多中心治理理论的起源、发展与演变》,《东南大学学报》(哲学社会科学版) 2009 年第 2 期。

魏崇辉:《公共治理理论中国适用性:批判的理路与话语的构建》,《行政论坛》2018 年第 5 期。

肖泽晟:《从公众参与到利益衡量和理由说明——重大公共资源配置行政决策程序法治化的方向》,《法学杂志》2013 年第 9 期。

肖泽晟:《论遏制公共资源流失的执法保障机制——以公共资源收益

权和行政执法权的纵向配置为视角》，《法商研究》2014 年第 5 期。

熊光清：《治理理论在中国的发展与创新》，《兰州学刊》2018 年第 6 期。

杨红伟：《代理悖论与多元共治：传统公共资源管理的缺陷及矫正机制》，《经济研究导刊》2014 年第 32 期。

杨宏山：《合作治理与城市基层管理创新》，《南京社会科学》2011 年第 5 期。

杨武松：《公共资源市场化配置法律保障的结构性问题与对策》，《学习与实践》2015 年第 1 期。

易志斌、马晓明：《论流域跨界水污染的府际合作治理机制》，《社会科学》2009 年第 3 期。

袁峰：《合作治理中的协商民主》，《理论与改革》2012 年第 5 期。

张邰：《基于行政公共网络平台的合作治理》，《中国行政管理》2012 年第 10 期。

张康之：《合作治理是社会治理变革的归宿》，《社会科学研究》2012 年第 3 期。

张丽、朱春艳：《现代性视域中治理术的技术化批判与国家治理现代化实践》，《自然辩证法研究》2018 年第 10 期。

张青：《公共部门多任务委托—代理分析：资产所有权、管理权和预算规则的确定》，《制度经济学研究》2013 年第 3 期。

张润君：《合作治理与新农村公共事业管理创新》，《中国行政管理》2007 年第 1 期。

张峥、郝宇青：《耦合驱动：国家治理现代化与服务型法治政府角色重塑》，《社会科学家》2018 年第 10 期。

赵立波、朱艳鑫：《公共资源交易管办分离改革研究》，《中国行政管理》2014 年第 3 期。

中国行政管理学会课题组：《推进综合执法体制改革：成效、问题与对策》，《中国行政管理》2012 年第 5 期。

周文、陈翔云:《公共资源的马克思主义经济学研究——基于"共同性"和"共享资源"的视角》,《政治经济学评论》2018 年第 1 期。

朱富强:《"公地悲剧"如何转化为"公共福祉"——基于现实的行为机理之思考》,《中山大学学报》(社会科学版) 2011 年第 3 期。

朱军:《土地供给冲击,公共资源配置与中国经济波动——"动态新凯恩斯主义"DSGE 模型的视角》,《资源科学》2013 年第 6 期。

朱倩:《公共资源治理困境:村庄在河砂市场化过程中的角力》,《广东社会科学》2018 年第 5 期。

三 中译著作

[英] 休·柯林斯:《规制合同》,郭小莉译,中国人民大学出版社 2014 年版。

[英] 维克托·迈尔-舍恩伯格、肯尼思·库克耶:《大数据时代:生活、工作与思维的大变革》,周涛等译,浙江人民出版社 2013 年版。

[英] 斯蒂芬·奥斯本:《新公共治理?——公共治理理论和实践方面的新观点》,科学出版社 2017 年版。

[英] 迈克·费恩塔克:《规制中的公共利益》,戴昕译,中国人民大学出版社 2014 年版。

[英] 杰弗里·M. 霍奇逊:《制度经济学的演化——美国制度主义中的能动性、结构和达尔文主义》,杨虎涛、王爱君、杨载曦、马芳译,北京大学出版社 2012 年版。

[英] 道恩·奥利弗:《共同价值与公私划分》,时磊译,中国人民大学出版社 2017 年版。

[印度] Y. 内拉哈里:《博弈论与机制设计》,曹乾译,中国人民大学出版社 2017 年版。

[西] 泽维尔·弗雷克萨斯、拉克·莱文、何塞·路易斯·佩德罗:《系统性风险、危机与宏观审慎监管》,王擎等译,中国金融出版

社 2017 年版。

［日］青木昌彦：《制度经济学入门》，彭金辉、雷艳红译，中信出版社 2017 年版。

［美］罗纳德·哈里·科斯：《企业、市场与法律》，盛洪、陈郁译校，格致出版社、上海三联书店、上海人民出版社 2014 年版。

［美］罗纳德·H. 科斯：《财产权利与制度变迁》，刘守英译，格致出版社、上海三联书店、上海人民出版社 2014 年版。

［美］罗纳德·H. 科斯、王宁：《变革中国：市场经济的中国之路》，徐尧、李哲民译，中信出版社 2013 年版。

［美］朱迪·弗里曼：《合作治理与新行政法》，毕洪海、陈标冲译，商务印书馆 2010 年版。

［美］朱·弗登博格、［法］让·梯若尔：《博弈论》，黄涛、郭凯、龚鹏、王一鸣、王勇等译，中国人民大学出版社 2010 年版。

［美］约翰·D. 多纳休、理查德·J. 泽克豪泽：《合作：激变时代的合作治理》，徐维译，中国政法大学出版社 2015 年版。

［美］伊恩·艾瑞斯：《大数据思维与决策》，宫相真译，人民邮电出版社 2014 年版。

［美］沃尔特·V. 小哈斯莱特：《风险管理》，郑磊、王盛、吴天颖等译，机械工业出版社 2017 年版。

［美］文森特·奥斯特罗姆：《民主的意义及民主制度的脆弱性》，李梅译，山西人民出版社 2011 年版。

［美］唐·钱斯、罗伯特·布鲁克斯：《衍生工具与风险管理》，丁志杰、谢蓉蓉、郭凯等译，机械工业出版社 2015 年版。

［美］切斯特·巴纳德：《组织与管理》，詹正茂译，机械工业出版社 2016 年版。

［美］尼古拉斯·亨利：《公共行政与公共事务》，孙迎春译，中国人民大学出版社 2017 年版。

［美］弥尔顿·L. 穆勒：《网络与国家：互联网治理的全球政治学》，周程译，上海交通大学出版社 2015 年版。

［美］迈克尔·麦金尼斯：《多中心体制与地方公共经济》，毛寿龙译，上海三联书店2000年版。

［美］马克·艾伦·艾斯纳：《规制政治的转轨》，尹灿译，中国人民大学出版社2015年版。

［美］罗伯特·B.登哈特：《新公共服务：服务，而不是掌舵》，丁煌译，中国人民大学出版社2004年版。

［美］利奥尼德·赫维茨、斯坦利·瑞特：《经济机制设计》，田国强等译，格致出版社2009年版。

［美］理查德·C.博克斯：《公民治理：引领21世纪的美国社区》，孙柏瑛译，中国人民大学出版社2014年版。

［美］兰迪·T.西蒙斯：《政府为什么会失败》，张媛译，新华出版社2017年版。

［美］莱斯特·M.萨拉蒙：《政府工具：新治理指南》，肖娜等译，北京大学出版社2016年版。

［美］拉塞尔·M.林登：《无缝隙政府：公共部门再造指南》，汪大海、吴群芳等译，中国人民大学出版社2013年版。

［美］赫伯特·西蒙：《管理行为》，杨砾、韩春立、徐立译，北京经济学院出版社1988年版。

［美］弗兰特·奈特：《风险、不确定性与利润》，郭武军、刘亮译，华夏出版社2013年版。

［美］菲尔·西蒙：《大数据应用：商业案例实践》，漆晨曦、张淑芳译，人民邮电出版社2014年版。

［美］戴维·约翰·法默尔：《公共行政的语言：官僚制、现代性和后现代性》，吴琼译，中国人民大学出版社2017年版。

［美］查尔斯·J.福克斯、休·T.米勒：《后现代公共行政：话语指向》，楚艳红、曹沁颖、吴巧林译，中国人民大学出版社2013年版。

［美］波蒂特、詹森、奥斯特罗姆：《共同合作——集体行为、公共资源与实践中的多元方法》，路蒙侍译，中国人民大学出版社

2011年版。

［美］奥斯特罗姆、帕克斯、惠特克等：《公共服务的制度建构：都市警察服务的制度结构》，上海三联书店2000年版。

［美］奥利弗·E. 威廉姆森：《治理机制》，石烁译，机械工业出版社2016年版。

［美］奥利弗·E. 威廉姆森：《市场与层级制》，蔡晓月、孟俭译，上海财经大学出版社2011年版。

［美］奥利弗·E. 威廉姆森、斯科特·马斯滕：《交易成本经济学经典名篇选读》，李自杰、蔡铭等译，人民出版社2008年版。

［美］安东尼·唐斯：《官僚制内幕》，郭小聪等译，中国人民大学出版社2017年版。

［美］爱德华·法夸尔森、克莱门西亚·托雷斯德米斯·特拉尔、E. R. 耶斯考比、哈维尔·恩西纳：《项目融资与公私合作（PPP）系列：新兴市场公私合作模式》，唐李雅宁译，中国电力出版社2015年版。

［美］艾伯特·拉斯洛·巴拉巴西：《爆发：大数据时代预见未来的新思维》，马慧译，北京联合出版有限公司2017年版。

［美］埃莉诺·奥斯特罗姆：《公共资源的未来：超越市场失灵和政府管制》，中国人民大学出版社2015年版。

［美］埃莉诺·奥斯特罗姆：《公共事物的治理之道》，余逊达、陈旭东译，上海译文出版社2012年版。

［美］阿兰·斯密德：《制度与行为经济学》，刘璨、吴水荣译，中国人民大学出版社2004年版。

［美］Jiawei Han、MIcheline Kamber、Jian Pei：《数据挖掘：概念与技术》，范明、孟小峰译，机械工业出版社2012年版。

［美］E. S. 萨瓦斯：《民营化与公私部门的伙伴关系》，周志忍译，中国人民大学出版社2002年版。

［美］Daniel T. Larose、Chantal D. Larose：《数据挖掘与预测分析》，王念滨、宋敏、裴大茗译，清华大学出版社2017年版。

[美] B. 盖伊·彼得斯：《政府未来的治理模式》，吴爱明、夏宏图译，中国人民大学出版社2013年版。

[法] 卢梭：《社会契约论》，李平沤译，商务印书馆2011年版。

[德] 斯蒂芬·沃依格特：《制度经济学》，史世伟、黄莎莉、刘斌、钟诚译，中国社会科学出版社2016年版。

[德] 马克斯·韦伯：《经济与社会》，阎克文译，上海人民出版社2010年版。

[德] 克劳斯·施瓦布：《第四次工业革命》，李菁译，中信出版社2016年版。

[德] 柯武刚、史漫飞：《制度经济学：社会秩序与公共政策》，韩朝华译，商务印书馆2000年版。

四 外文论文

Wendong Deng, George W. J. Hendrikse, "Managerial Vision Bias and Cooperative Governance", *European Review of Agricultural Economics*, Vol. 42, No. 5, 2015.

Vítor V. Vasconcelos, Francisco C. Santos, Jorge M. Pacheco, "A Bottom-up Institutional Approach to Cooperative Governance of Risky Commons", *Nature Climate Change*, Vol. 3, No. 9, 2013.

Trevor L. Brown, Matthew Potoski, "Transaction Costs and Institutional Explanations for Government Service Production Decision", *Journal of Public Administration Research and Theory*, Vol. 13, No. 4, 2003.

Todd Sandler, "Common-property Resources: Privatization, Centralization, and Hybrid Arrangements", *Public Choice*, Vol. 143, No. 3, 2010.

Teresita Cruz-del Rosario, "Risky Riparianism: Cooperative Water Governance in Central Asia", *Australian Journal of International Affairs*, Vol. 63, No. 3, 2009.

Svein Ole Borgen, "Product Differentiation and Cooperative Governance", *Journal of Socio-Economics*, Vol. 40, No. 3, 2011.

Shui-Yan Tang, "Institutional Arrangements and the Management of Common-pool Resources", *Public Administration Review*, Vol. 51, No. 1, 1991.

Roz D. Lasker, Elisa S. Weiss, "Broadening Participation in Community Problem-solving: A Multidisciplinary Model to Support Collaborative Practice and Research", *Journal of Urban Health*, Vol. 80, No. 1, 2003.

Robert Wade, "The Management of Common Property Resources: Finding a Cooperative Solution", *The World Bank Research Observer*, Vol. 2, No. 2, 1987.

Robert J. Smith, "Resolving the Tragedy of the Commons by Creating Private Property Rights in Wildlife", *CATO Journal*, Vol. 1, No. 2, 1981.

Rhoda Joseph, "E-Government Meets Social Media: Realities and Risks", *IT Professional*, Vol. 14, No. 6, 2012.

René Bouwen, Tharsi Taillieu, "Multi-party Collaboration as Social Learning for Interdependence: Developing Relational Knowing for Sustainable Natural Resource Management", *Journal of Community and Applied Social Psychology*, Vol. 14, No. 3, 2004.

Peter Brann, M. Foddy, "Trust and the Consumption of a Deteriorating Common Resource", *Journal of Conflict Resolution*, Vol. 31, No. 4, 1987.

Per J. Agrell, Johan Lundin, Andreas Norrman, "Supply Chain Management: Horizontal Carrier Coordination through Cooperative Governance Structures", *International Journal of Production Economics*, Vol. 194, 2017.

Patsy Healey, "Consensus-building Across Difficult Divisions: New Approaches to Collaborative Strategy Making", *Planning Practice and Research*, Vol. 11, No. 2, 1996.

Oscar Widerberg, Philipp Pattberg, "International Cooperative Initiatives in Global Climate Governance: Raising the Ambition Level or Delegitimizing the UNFCCC?", *Global Policy*, Vol. 6, No. 1, 2014.

Noni E. MacDonald, Jennifer Smith, Mary Appleton, "Risk Perception, Risk Management and Safety Assessment: What can Governments do to Increase Public Confidence in their Vaccine System?", *Biologicals*, Vol. 40, No. 5, 2012.

Nobuyoshi Yamori, Kozo Harimaya, Kei Tomimura, "Corporate Governance Structure and Efficiencies of Cooperative Banks", *International Journal of Finance & Economics*, Vol. 22, No. 4, 2017.

Nathalie A. Steins, Victoria Edwards, "Collective Action in Common Pool Resource Management: The Contribution of a Social Constructivist Perspective to Existing Theory", *Society and Natural Resources*, Vol. 12, No. 6, 1999.

Nancy Charlotte Roberts, "Public Deliberation in the Age of Direct Citizen Participation", *The American Review of Public Administration*, Vol. 34, No. 4, 2004.

Marie-Pierre L. Markon, Joshua Crowe, Louise Lemyre, "Examining Uncertainties in Government Risk Communication: Citizens' Expectations", *Health, Risk & Society*, Vol. 15, No. 4, 2013.

Liam Phelan, Jeffrey McGee, Rhyall Gordon, "Cooperative Governance: One Pathway to a Stable-state Economy", *Environmental Politics*, Vol. 21, No. 3, 2012.

Li Feng, George Hendrikse, "Chain Interdependencies, Measurement Problems and Efficient Governance Structure: Cooperatives versus Publicly Listed Firms", *European Review of Agricultural Economics*, Vol. 39, No. 2, 2012.

Lasse Oulasvirta, Ari-Veikko Anttiroiko, "Adoption of Comprehensive Risk Management in Local Government", *Local Government Studies*, Vol. 43, No. 3, 2017.

Kirk Emerson, Tina Nabatchi, Stephen Balogh, "An Integrative Framework for Collaborative Governance", *Journal of Public Administration Research and Theory*, Vol. 22, No. 1, 2012.

Judith E. Innes, David E. Booher, "Consensus Building and Complex Adaptive Systems: A Framework for Evaluating Collaborative Planning", *Journal of the American Planning Association*, Vol. 65, No. 4, 1999.

John Bryson, Barbara C. Crosby, Melissa Middleton Stone, "The Design and Implementation of Cross-sector Collaborations: Propositions from the Literature", *Public Administration Review*, Vol. 66, No. s1, 2006.

Jeroen Klomp, "Government Interventions and Default Risk: Does one Size Fit All?", *Journal of Financial Stability*, Vol. 9, No. 4, 2013.

Horst W. J. Rittel, Melvin M. Webber, "Dilemmas in a General Theory of Planning", *Policy Sciences*, Vol. 4, No. 2, 1973.

Harold Paredes-Frigolett, Pablo Nachar, Carmen Marcuello, "Modeling the Governance of Cooperative Firms", *Computational and Mathematical Organization Theory*, Vol. 23, No. 1, 2016.

Hanna-Helena Höfer, Jens Rommel, "Internal Governance and Member Investment Behavior in Energy Cooperatives: An Experimental approach", *Utilities Policy*, Vol. 36, 2015.

GwendolynL. Kolfschoten, Jur Kosterbok, Alain Hoekstra, "A Transferable ThinkLet Based Process Design for Integrity Risk Assessment in Government Organizations", *Group Decision and Negotiation*, Vol. 24, No. 4, 2015.

Giangiacomo Bravo, Beatrice Marelli, "Irrigation Systems as Commonpool resources. Examples from Northern Italy", *Revue De Géographie Alpine*, Vol. 96, No. 3, 2008.

George Cheney, Inaki Santa Cruz, Ana Maria Peredo, Elias Nazareno, "Worker Cooperatives as an Organizational Alternative: Challenges, Achievements and Promise in Business Governance and Ownership", *Organization*, Vol. 21, No. 5, 2014.

Frank P. Maier-Rigaud, Jose Apesteguia, "The Role of Rivalry Public Goods versus Common-pool Resources", *Journal of Conflict Resolution*, Vol. 50, No. 2, 2004.

Fabio Chaddad, Constantine Iliopoulos, "Control Rights, Governance, and the Costs of Ownership in Agricultural Cooperatives", *Agribusiness*, Vol. 29, No. 1, 2013.

Eugene Bardach, "Development Dynamics: Interagency Collaboration as An Emergent Phenomenon", *Journal of Public Administration Research and Theory*, Vol. 11, No. 2, 2001.

Eliza W. Y. Lee, Shamsul Haque, "The New Public Management Reform and Governance in Asian NICs: A Comparison of Hong Kong and Singapore", *Governance*, Vol. 19, No. 4, 2006.

Dorothy Marie Daley, "Interdisciplinary Problems and Agency Boundaries: Exploring Effective Cross-agency Collaboration", *Journal of Public Administration Research and Theory*, Vol. 19, No. 3, 2009.

Donna J. Wood, Barbara Gray, "Toward A Comprehensive Theory of Collaboration", *Journal of Applied Behavioral Science*, Vol. 27, No. 2, 1991.

Dietmar Frommberger, Fabienne-Agnes Baumann, "Between State and Market-Establishment and Further Development of Cooperative Forms of Governance in Vocational education", *Zeitschrift Für Pädagogik*, Vol. 62, No. 3, 2016.

Diana van Dongen, Liesbeth Claassen, Tjabe Smid, Danielle Timmermans, "People's Responses to Risks of Electromagnetic Fields and Trust in Government Policy: The Role of Perceived Risk, Benefits and Control", *Journal of Risk Research*, Vol. 16, No. 8, 2013.

David Kelsey, Frank Milne, "Takeovers and Cooperatives: Governance and Stability in Non-corporate Firms", *Journal of Economics*, Vol. 99, No. 3, 2010.

David E. Booher, "Collaborative Governance Practices and Democracy",

National Civic Review, Vol. 93, No. 4, 2004.

Clare Ryan, "Leadership in Collaborative Policy-making: An Analysis of Agency Roles in Regulatory Negotiations", *Policy Sciences*, No. 34, 2001.

Chris Skelcher, Navdeep Mathur, Mike Smith, "The Public Government of Collaborative Spaces: Discourse, Design and Democracy", *Public Administration*, Vol. 83, No. 3, 2005.

Chris Ansell, Alison Gash, "Collaborative Governance in Theory and Practice", *Journal of Public Administration Research and Theory*, Vol. 18, No. 4, 2008.

Bernardo Batiz-Lazo, "The Society for Worldwide Interbank Financial Telecommunications (SWIFT): Cooperative Governance for Network Innovation, Standards, and Community", *Business History*, Vol. 57, No. 6, 2015.

Benjamin K. Sovacool, "Exploring the Conditions for Cooperative Energy Governance: A Comparative Study of Two Asian Pipelines", *Asian Studies Review*, Vol. 34, No. 4, 2010.

Barbara Gray, "Conditions Facilitating Inter-organizational Collaboration", *Human Relations*, Vol. 38, No. 10, 1985.

Anneleen Vandeplas, Bart Minten, Johan Swinnen, "Multinationals vs. Cooperatives: The Income and Efficiency Effects of Supply Chain Governance in India", *Journal of Agricultural Economics*, Vol. 64, No. 1, 2013.

Anne Hammerstad, Ingrid Boas, "National Security Risks? Uncertainty, Austerity and Other Logics of Risk in the UK Government's National Security Strategy", *Cooperation and Conflict*, Vol. 50, No. 4, 2015.

Andrés Navarro-Galera, Juan Lara-Rubio, Dionisio Buendia-Carrillo, Salvador Rayo-Canton, "What can Increase the Default Risk in Local Governments?", *International Review of Administrative Sciences*, Vol. 83, No. 2, 2017.

Andrea B. Hollingshead, "The Rank-order Effect in Group Decision Making", *Organizational Behavior and Human Decision Processes*, Vol. 68, No. 3, 1996.

Alexander Ljungqvist, Liandong Zhang, Luo Zuo, "Sharing Risk with the Government: How Taxes Affect Corporate Risk Taking", *Journal of Accounting Research*, Vol. 55, No. 3, 2016.

Aihua Wu, "The Mediating Roles of Governance Mechanisms and Knowledge Transfer on the Relationship between Specific Investments and Cooperative Innovation Performance", *Technology Analysis & Strategic Management*, Vol. 28, No. 2, 2016.

AiHua Wu, Zhuo Wang, Sandy Chen, "Impact of Specific Investments, Governance Mechanisms and Behaviors on the Performance of Cooperative Innovation Projects", *International Journal of Project Management*, Vol. 35, No. 3, 2017.

附录 1　访谈问卷 A

问卷编号：＿＿＿＿＿＿＿＿＿＿　　　　A：公共部门访谈专用

您好！非常感谢您的积极配合！我是厦门大学公共事务学院博士研究生，目前正在进行"公共资源合作治理机制"的课题研究。该课题研究客观上需要对公共部门在公共资源合作治理中的相关情况进行调查了解，并且，该课题访谈主要用于学术领域的研究探讨，未经您的允许，承诺不会对本次的访谈内容以及您的个人信息挪作他用和肆意传播。所以，欢迎您畅所欲言，您的客观回答是对本课题研究莫大的鼓励和支持！再次向您表示敬意！

一　访谈对象

所在部门：＿＿＿＿＿＿＿＿＿＿　　职务：＿＿＿＿＿＿＿＿＿＿

二　访谈问题

1. 贵部门所负责治理的公共资源具体包含哪些类别？

2. 贵部门在治理上述公共资源过程中一般涉及哪些行政法规或公共政策作为执法依据？

3. 贵部门在公共资源治理中主要采用的方式有哪些？哪些公共资源采用合作治理的方式？有哪些因素促使贵部门采用合作治理的方式？

4. 贵部门在具体公共资源合作治理项目中如何处理与参与合作的私营部门的关系？与私营部门有怎样的职责划分和任务分工？

5. 贵部门是如何具体开展公共资源的合作治理行动？选择什么样的合作治理工具？

6. 贵部门在合作治理工具选择过程中会考虑哪些方面的影响因素？

7. 贵部门合作治理工具选择过程中是更看重工具的效率层面还是公平层面，或者其他？

8. 贵部门在具体的公共资源项目合作治理中主要有哪些制度安排和规则设计？

9. 贵部门在具体的公共资源项目合作治理中主要包括哪些环节？

10. 贵部门在具体的公共资源项目合作治理中遇到哪些困境和潜在的风险？

11. 贵部门对遇到的困境和潜在的风险有哪些应对的措施？

12. 您本人对本次的访谈问题是否有其他的补充和宝贵的建议？

附录2 访谈问卷B

问卷编号：_____   B：私营部门访谈专用

您好！非常感谢您的积极配合！我是厦门大学公共事务学院博士研究生，目前正在进行"公共资源合作治理机制"的课题研究。该课题研究客观上需要对私营部门在公共资源合作治理中的相关情况进行调查了解，并且，该课题访谈主要用于学术领域的研究探讨，未经您的允许，承诺不会对本次的访谈内容以及您的个人信息挪作他用和肆意传播。所以，欢迎您畅所欲言，您的客观回答是对本课题研究莫大的鼓励和支持！再次向您表示敬意！

一 访谈对象

所在公司：_____   职务：_____

二 访谈问题

1. 贵公司主要承接哪些类别的公共资源合作治理项目？

2. 贵公司通过哪些渠道获得公共资源合作治理项目的相关信息？

3. 贵公司通过哪些方式参与到具体的公共资源合作治理项目中？如何获得具体项目的承接权？

4. 贵公司在具体公共资源合作治理项目中如何处理与公共部门的关系？与公共部门有怎样的职责划分和任务分工？

5. 贵公司在具体公共资源合作治理项目合作协议（合同）的拟定中是否有参与？如有参与，在拟定中扮演着什么样的角色？

6. 贵公司在具体公共资源合作治理项目执行中是否有自主选择施工方式的权利？如在施工过程中发现公共部门提供的图纸有需要

改进的漏洞一般如何处置？

7. 贵公司在具体公共资源合作治理项目执行中是遵循成本优先？还是质量优先？

8. 贵公司在具体公共资源合作治理项目执行中主要受到哪些方面的监管和约束？

9. 贵公司在具体的公共资源项目合作治理中遇到哪些困境和潜在的风险？

10. 贵公司对遇到的困境和潜在的风险有哪些应对的措施？

11. 您本人对本次的访谈问题是否有其他的补充和宝贵的建议？

索　引

B

本土化　33,36,38,50

不确定性　73,88,94,95,98,101,
　102,119,123,125,135,136,138,
　141—143,174—176,182,194

C

差序格局　34

产权　5—7,13,14,18,62,72,78,79,
　82—84,103,115,127,162,180,185

D

大数据　59,64,65,67—73,76—80,
　106,118,120,125,137,138,143,
　144,172,178,179,184,189,192,
　193

F

非正式制度　16,25,39,82,90,91,
　93—95,97,98,101—104,106,117,
　126,180,185,186,192,193

风险管理　141,182,188,192,193

G

公共价值　17,74—76,81,84—90,
　93,96,100,112,115,118,119,124,
　172,173,179,183,187

公共利益　1,8—10,24,26,27,32,
　33,37,38,42,47,50,51,54,70,72,
　74,75,80,85—87,89—91,93,96,
　100,105,107,112,113,115,118,
　119,124,126,127,129—131,133,
　134,139,140,177,187,190,191,
　193

公共权力　26,42,124,126,133,138

公共行政　1,3,11,23,35,42,191

公共职能　119

公共资源　1—22,26,27,30—41,43,
　46,47,50,51,53—61,63—146,
　169,170,172,174,176,178—195

规制俘获　126—128,131,132,134,
　141,175

国家治理现代化　30—33,127,135,

169,191

H

合作博弈　39,51—53,55,56,58,75,81,82,84,87,97,111,124,134,171,177,179,183,185,192

合作治理　1—4,11,13,18—22,24—27,30—43,46,47,50,51,53—61,63,64,68—146,160,163,167,169—195

J

激励相容　28—30,55—58,75,85—88,111,118,177,183,185,193

交易成本　13,77,83,93,95,98,99,101,119,121,125,129,140,186,187

角色定位　87,114,136,170,175

L

棱镜模型　35

Q

权力边界　41,47,50,51,106,111,176,177

S

社会结构　2,33—36,38

X

夏普利值　55,56,84,85,88,113,181

新公共管理运动　1,32,59

行政环境　2,3,35,36,38,47

寻租　2,80,125,126,128,130,132—134,137,138,141,175

Y

有限理性　43,44,46,47,58,95,102,112,132—134,138,171

Z

正式制度　16,25,39,82,84,91,92,94,96—104,106,113,117,126,127,180,185,186,192,193

执行制度　39,82,96—98,100—104,106,112,117,126,180,185,186,192,193

治理工具　38,59—64,69—71,76,115,116,126,178,192

治理机制　19,22,23,27

后　　记

记得在博士论文写作过程中不止一次幻想着等到博士论文写完后该如何写致谢，那时恨不得先跳过论文正文的写作，直接倒着写致谢这一环节来抒发胸中这积攒了多年无处安放的感触。而如今真正在键盘上敲致谢时，已经是博士论文完成一个月有余的时间了。迟迟不肯下笔的原因不是没有时间，而是觉得自己还没有真正整理好思绪去画上11年大学求学生涯的最后一个句号。

从2007年读本科到2018年博士毕业，自己也从当时的文艺"小鲜肉"风干成了如今的粗糙"老腊肉"，时光对谁都是公平的，尤其对我这种在校园背着书包被问路的游客称作"老师"，放下书包喊"师傅"的人是格外地照顾。不过还好，我也已经过了靠"颜值"吃饭的年纪，所以细想一下心里还是能够得到些许的宽慰。比起当面说肉麻的话，我觉得文字表达感谢比较好，所以我要以印刷字体向给予我成长和帮助的人郑重地表达真诚的致谢。首先，我要感谢的是我的家人，他们的鼓励和支持一直是我不断学习和进取的莫大动力，他们的辛勤劳作和无悔付出为我创造了绝佳的学习和生活环境。

其次，我要感谢的是我求学路上的两位非常敬重的导师。一位导师是我的博士期间的导师黄新华老师，黄老师是一位治学严谨、为人和善的学者，4年博士生涯承蒙黄老师指导，帮助我不断克服科研与学习路上的各种困难。另一位导师是我硕士期间的导师韩兆柱老师，韩老师是我求学路上的引路人，在我本科考研失利最迷茫的时候接纳了我，他不但帮我重建了求学的自信心，而且他的言传身教也深深影响了我，使我更加坚定了自己的人生目标。同时，我也要感谢陈振明老师和卓越老师以及厦门大学公共事务学院的其他诸位老师，他们课上以及课下对我的指点也是让我受益匪浅。

再次，我要感谢我的女朋友小芳同学。2012年10月13号，天上掉了块"馅饼"砸到了我的头上，使我迈出了20多年"资深单身狗"的行列，从此我的生活中有了你。到今天为止我们在一起将近6年的时间，6年的时间里有4年都在上演"异地恋"，感谢她不嫌弃我没有在身边陪伴她，没有给过她太多的关照，她的不离不弃我记在心底，希望不久的将来能够娶到你！

最后，感谢厦门大学，感谢所有在求学道路上给予我帮助的亲朋、老师和同学，能够结识你们是我莫大的荣幸，在此，也衷心祝愿大家幸福安康，生活越来越美丽！